生命神學的反思

蔡丁貴 [著]

獻給

岳父黃君答先生、妻舅蔡順義先生：
兩位一貫道敬虔的傳道師
及台灣基督長老教會濟南教會處境
查經班的牧長與同學們

【目次】

〔序一〕
走在這人間天路歷程的人 ／ 王崇堯　　　005

〔序二〕
科技人的宗教探索 ／ 董芳苑　　　012

〔序三〕
神聖的臨在與時代的呼聲 ／ 黃春生　　　018

〔序四〕
一個精神理念認同耶穌的基督徒 ／ 柯怡政　　　021

〔序五〕
以生命的神學對抗死亡的力量 ／ 邱凱莉　　　023

- 前言　　　027
- 生命神學的反思　　　031
- 結語　　　261

序一
走在這人間天路歷程的人

王崇堯
美國波士頓大學神學博士,台南神學院前院長,立案南神神學院第一任校長

　　我與丁貴教授生命的相遇相識,雖然大多是在網路世界,但從作為一個成熟的基督徒來說,這一切的背後都有上主的揀選,成就它美善的旨意。早先,我都是從新聞報導得知他如何為了台灣的「獨立建國」奔走奮鬥,他的精神讓我這個在南部神學院只忙碌行政、教學的人,在感到慚愧之中更加敬佩他為台灣無私的奉獻,也挑起我年輕時在南神所參與一切民主運動的情緒,不禁熱情再起!

　　從南神退休後,有感台灣教會仍然脫離不了資本主義影響下的靈恩運動與成功神學,及被「中國」教會與其基督教大眾媒體掌控的的話語權,定義何為「台灣教會」時,我是相當憂心的;所以我在「臉書」開了「神學教室」專欄,盼望延續南神「有台灣、又有耶穌」,「認同本土、向普世學習」的終身神學教育學習及反省。

　　難得的是,我在「臉書」神學教室所寫的信仰反省文章,常常接到丁貴教授的留言及討論,讓我覺得丁貴教授真

的是一位「基督」的「求道者」,而我有幸為他的新書《生命神學的反思》寫序,也可說是我自己一路走來的「生命神學反思」,儘管我一直謹記我的老師宋泉盛所說的:「有關上帝的奧秘,說愈多,錯誤就愈多!」是的,神學不能只是用「說的」,而是要以身作則,像丁貴教授那樣用生命印證「說到作到」!用一生生命實踐「生命神學」!

　　我從《生命神學的反思》書中,了解到丁貴教授是集「科學」、「哲學」認知及修養在寫這本他不認為會與「神學」出現矛盾的作品,就如他在前言所說:「這是一本科技人的生命經驗與心得。這裡的科技人是一個廣義的通稱,是指認為科學、哲學與神學不應該出現矛盾的人。相信可以透過哲學的邏輯推理,及相信科學研究對未知事物的發現,及對未知事物的神奇留給神學的創造。」而在此書中,藉由這位求道者一年365天如日記短文的生命神學反思,其對生命參悟的體驗、參與社會公義行動的勇氣,及對小我信仰與大我族群願望的真心期待,真的可以帶給我們所謂的「信仰者」莫大的感觸與驚喜呢!

　　譬如在第2天的信仰反思,作者就以「聖神」統稱神或上帝來跨越宗教隔閡,而這樣的「聖神」是經由感受認識的,不是由眼見與觸摸認識的。而且祂「不是住在天上。聖神道成肉身,住在人間,無所不在。聖神愛萬人萬物,無差別不同。」(第3天)祂「光明正大,至高無上。各宗教敬拜的神明是不同族群在不同社會生活處境所認識聖神的部份面貌、或接受聖神呼召庇護苦難民眾的天使。」(第4天)

這樣對「聖神」或上帝的認知，讓我想起近代天主教神學家潘尼卡（Raimon Panikkar），他是一位宗教融合者，在1964年曾寫過一本深具革命性的書《印度教中未知的基督》（The Unknown Christ of Hinduism），主張基督徒相信耶穌是基督，並不等同基督是耶穌。上帝在所有歷史中所顯示的奧秘沒有被壟斷，基督超越萬民之民（弗2：9），而耶穌是「宇宙-神-人」原則的眾名之一，基督的奧秘也隱含在其它的宗教裡面，以不同的名字被認知。潘尼卡晚年時還曾這樣自我描述：「我以一個基督徒做為旅程，發現自己是一個印度教徒，然後回歸做為一個佛教徒，卻又一直沒有停止作基督徒。」

在台灣，也許我們很難能有潘尼卡神父這種宗教融合的體驗，但至少我們可看看英國神學家及長老會牧師約翰·希克（John Hick）是如何看待其它宗教，同時也聽聽丁貴教授對其它宗教的看法。希克說如果有一個真正的神聖實在，祂一定是有益於人類的幸福、快樂及健康生活，而人也是基於這樣的認知做出信仰的抉擇。因此，所有的宗教是有共同的泉源，雖然說著不同的語言、用著不同的方法、走不同的道路，但都會朝向同樣的目標。希克認為我們可從別人對其宗教奉獻的熱誠，來反思我們是否也是如此！

在第33天的信仰反思中，丁貴教授提出一個嚴肅的信仰議題，可供台灣教會來深入思考：那就是「居家供奉祖先牌位，與供奉耶穌十字架同等福份。耶穌教導世人要愛鄰居與敵人，何況自己的祖先？」而第34天的信仰反思中，又

說：「在家供奉神明，與在家供奉耶穌十字架無所差別。都是提醒自己：唯一聖神與我們同在。若非敬拜唯一聖神，神明與十字架俱為人製偶像而已。」這真的是一個值得台灣教會開放空間，進行信仰反思討論的一項「生命神學」呢！

在第201天的信仰反思中，丁貴教授對「末世」提出解放的論述，其用意不應「解讀為世界末日來臨，聖神將會審判，讓人心生恐懼而有尋求聖神保護的動機。也是讓人受到恐懼心理的宰制而無法自我解放」，而是將「末世」當作「當道亂世」的結束，作者說不論末世來臨之前會受到多少苦難，也無法知道何時亂世會結束，但只要堅守自由與公義的信仰，傳遍社會，見證信仰，「末世」必然到來，亂世必然結束。這反而是對「自由與公義」族群大生命盼望的信心，勝過對死亡的恐懼。

這也讓人想起拉美解放神學家古提雷茲（Gustavo Gutierrez）所認為「上帝國」（如末世）的到來一樣。古氏說「上帝國」做為歷史現實，需要兩個動態方面的互助才能達成，那就是保羅・費爾利（Paulo Freire）所說的「抨擊」（denunciation）與「宣揚」（annunciation）。上帝國（末世）若要與現今歷史現實連結，它必須對已存在的不義體制（當道亂世）公開抨擊，它是「革命性」的，而非「重建主義」。除了「抨擊」外，上帝國也是一種「宣揚」，一個公義友愛新社會到來的宣告；這就如同丁貴教授所說「堅守自由與公義的信仰，傳遍社會，見證信仰」，「末世」必然到來，亂世必然結束。這反而是對「自由與公義」族群大生命

盼望的信心，勝過對死亡的恐懼。

　　在第202天的信仰反思中，丁貴教授提出信仰與宗教不同面向的看法，就是信仰是個人小生命的，而宗教是屬於群體大生命的。丁貴教授說得很好：「小生命信仰在個人的實踐，是大生命族群對宗教的彰顯。宗教透過小生命信仰的實踐以維護族群大生命的存續。」我想這也是費爾利所說的，在「抨擊」與「宣揚」之間的「一種建構的時間」，即上帝國（末世）到來前的歷史實踐階段，而我們每個個人小生命在其真實信仰的實踐，不就是「大生命族群對宗教的彰顯。宗教透過小生命信仰的實踐以維護族群大生命的存續」。

　　在《生命神學的反思》書中，丁貴教授可說是一位為台灣獨立奮戰、為社會公義發聲及探索生命哲理的一位信徒或吟遊詩人，他不在意看不見的天堂、地獄，但在意這塊在歷史上看得見受苦的台灣人民；他不在意基督的升天或入地獄教義，但在意基督道成肉身為耶穌，且宣揚窮人得解放的地上天國福音；他也不在意「聖父聖子聖靈三位一體」歐美基督教的教義，反而在意的是「耶穌福音的信仰應該建立世界角度的基督教教義，跨越宗教的藩籬，分享世界性共通的信仰」。（第39天）

　　我想這本《生命神學的反思》，向我們展示了一位「求道者」帶著盼望的旌旗，尋找真正的自由及愛與公義所能帶來令人同感振奮的信仰理想，那就是經由「抨擊」與「宣揚」的小生命信仰的實踐，以維護族群大生命的存續。由此，這些見解不只激勵我們，也進而質疑目前我們的教會

（宗教）最重要的價值觀和目標是什麼？「教義與教儀是宗教家為了將先知傳播聖神智慧的普及化與生活化的規範。聖神恩賜的思考與科學越是瞭解生命，教義與教儀規範亦應與時俱進，提升聖神智慧瞭解的深度與廣度，也提升信仰的韌性與進步的超越性。」（第31天）因此，「與聖靈對話祈禱，不是尋求興奮劑，也不是尋求安慰劑。而是要與聖靈坦誠相見，環視四周處境，運用聖神恩賜的智慧克服苦難、超越障礙，回歸正道。」（第32天）

最後，期望大家能學習這位求道者在結語所說的：「宗教是世界各地族群生命累積智慧的結晶產物。不同的族群與不同的生命歷程產生不同的宗教。然而，在不同的宗教中，很容易發覺彼此之間存在著共同的智慧，這部份作者將它們歸納稱之為『信仰』；不相同的部份就暫時保留，留待未來的認知與檢視。」及「從現代的社會結構的角度來看，宗教團體就是傳播生命智慧的體制機構，宗教信仰就是機構傳授生命智慧的課程內容。這些古老的生命智慧結晶，都是後人的撰述記載，必然有真有假，也常有侷限於特殊的處境與社會文化背景，都需要更多的生命歷程的經驗加以檢視。符合者就可以強化，出現矛盾者，就需要重新詮釋而產生與時俱進的智慧。」

走在這人間天路歷程的人，作者自我的鼓勵，相信也會鼓勵著我們，如作者所說：「這個探索的旅程可以持續到生命的最後一口氣。要達到這樣的目標，只能繼續學習、繼續思考下去，燃燒個人小生命的燭火，學習更多先知義人們

留下的智慧，增亮族群大生命前進的道路。這是作者的許願，也是作者必須努力的修煉。」

但願我們每一個追求台灣獨立、建立公義仁愛社會的工作者，都能像「求道者」一樣，經由敏銳的內省和反思來喚起我們內在和靈魂的自我意識，最終讓「永恆的現今」、基督的仁愛與公義，經由我們每一位像丁貴教授這樣的「求道者」，在「愛人如愛己，渡己從渡人」的實踐中，道成肉身在這塊台灣美善的土地上。

序二
科技人的宗教探索

董芳苑
台灣神學院宗教學退休教授

蔡丁貴教授繼其力作《從「華獨」走向「自由台灣」》（2023年）一書出版之後，再度出版《生命神學的反思》（2024年）這本大作，令我十分佩服。前書主要基於推展「台灣民族自我解放運動」，係立足於非暴力抗爭理念之論述。至於新的作品一反前書之理念，竟然是蔡教授個人信仰告白的一本有關宗教信仰之論述。而且是依照一年365日，提出其365則的「生命神學之經驗」。他自命本書是做為個人「隨機靜思」或「學習心得」，以此為立足點來譜成《生命神學的反思》這本宗教作品。作者蔡教授又自稱：他是從「無神論者」轉變成為「有神論者」。並且相信可以透過「哲學的邏輯推理」以及「相信科學對未知事物的發現」，從而創作出他那「思考未知事物何等神奇」的《生命神學的反思》這本書。

一位曾經於國立台灣大學工學院傳授「土木工程」知識的「科技人」，竟然能寫出這本有關「宗教」

（Religion）的「形而上神學論述」，的確令我驚奇！這點也使我想到兩位知名學者的「宗教觀」：一位是「人類學」（Anthropology）大師，另一位是「古生物學」（Paleontology）的大師。兩者的「突破性宗教觀」舉世皆知，並且影響深遠！波蘭人類學者馬凌諾斯基（Prof. Bronisław Malinowski, 1884-1942）在其《巫術、科學與宗教》（Magic, science and Religion and Other Essays, 1916-1941）的代表作之中，主張原始社會人類及其宗教儀式，是啓發現代社會科學及制度的文化功能之誘因。所以「宗教」（巫術及儀式）是現代文化和科學之母親，因此現代人是不能忽視原始社會人類那種形而上的巫術信仰內涵。另一位學者就是古生物學家德日進（Fr. Dr. Pierre Teihard de Chardin, 1881-1955）。這位「羅馬大公教會」（天主教）的「耶穌會」神父，是以科學的「進化學說」（evolutional theory）經營「基督教神學」的第一人，其代表作即《人類的現象》（The Phenomenon of Man, 1940，但成爲教會之禁書）。此書指出：進化的原始基點即 "Alpha point"（A點），最終就是萬物與上主合而爲一的 "Omega point"（Ω點）。他的「進化神學」因違反《創世記》的「創造論」此一教會的傳統信仰，而被視爲異端學說。因此這本大作，直到他死後的1955年才被有識人士加以出版。此書一出，影響「自然科學」及「人文科學」的學界至巨，這位科學人神父因而被譽爲「現代先知」。德氏曾經在中國考古二十多年，協助發現「北京猿人」（Sinanthropus Pekinesis）。因斷定其遺骨屬

於女性，就給她取名"Nelly"。二次大戰期間，德日進神父在中國北平被日本軍隊俘虜。幸得當時執教於「北平師大」的林朝棨教授（1910-1985，台灣「地質學」第四紀之父）協助解困，兩人因此成為知交。林教授的「進化神學」，顯然受到德日進學說之影響（見：董芳苑，《創造與進化》，前衛出版社，2014年, pp.40-72）。

就上面的引例，足證「科技人」也可以探討宗教問題，尤其是蔡教授自創的《生命神學》當然可以入列。作者蔡教授聲明此書是「個人的生命經驗」，論述方法是「以科技人的哲學與科學觀點，來建立神學觀點」。綜觀作者的神學論點，不外集中於「個人」與「民族」兩者的「生命論」。作者稱「個人小生命」做「聖靈」，「民族大生命」做「聖神」。人的生命由「身」（body）、「心」（mind）、「靈」（spirit）構成，即「三寶一體」。人死後三個想像去處是「天堂」（heaven）、「地獄」（hell）與「安息」（rest in peace）。「人性」之中具有神性與魔性，也有善惡選擇之自由。「祈禱」是「聖靈」（個人生命）與「聖神」（民族生命）的親密互動，常常祈禱可以得勝誘惑！耶穌教導的「法門」（way）、「真理」（truth）、「生命」（life），是「聖神」呼召之回應。「聖靈」的業障（佛教用語）是「貪、瞋、癡」，不知即「無明」。「聖靈」（人）與「聖神」（上主）的立約關係，非靠基因遺傳。居家供奉「祖先牌位」（儒教之慎終追遠表現），與供奉耶穌十字架具有同等福份。人生只有一

世，沒有「前世」及「來世」。珍惜「今世」，才不枉費今生。是「日子未到」，不是天理無報。「聖神」是慈愛的，天災地變不是審判與懲罰。「生命」是生生不息的，「死亡」不是打敗生命的贏家。「愛」是「生命神學」之基石，「自由」與「公義」正是「生命神學」追求個人及社會群體安頓「身、心、靈」的目標。「非暴力抗爭」是行公義，心存憐憫謙卑，與神同行的「生命神學」。耶穌、穆罕默德、孔子、老子、釋迦牟尼都是「聖人」，他們道成肉身住在人間教化世人，實踐他們的信仰。「教會」與「寺廟」，都是不同宗教的信徒學習「照顧小生命」及「護持大生命」的教室及體驗場所。人人可為基督，人人也可為菩薩濟世渡人。「生命神學」歸根究底，就是實踐神學。

綜觀蔡丁貴教授撰述的這本《生命神學》，顯然和以《新舊約聖經》為基礎的「基督教神學」（Christian theology）不同。因為這本作品係採取宗教混合主義（religious syncretism），也就是如同「儒宗神教」（以儒為宗，以神仙聖佛為教）之教義，係摘取「儒教」、「道教」、「佛教」、「基督教」、「伊斯蘭教」（儒、道、佛、耶、回）五教之部份教義混合而成。這點是可以諒解的，因為作者蔡教授自稱其一生中受兩位虔誠的「一貫道」傳道師（點傳師）前輩之影響，即他的岳父黃君答先生以及妻舅蔡順義先生。而「一貫道」正是標榜「五教大同」的宗教，除了信奉「明明上帝無量清虛至尊至聖三界十方萬靈真宰」（老母娘）是唯一的「至上神」外，其他「儒、道、

佛、耶、回」五教教主，僅只是「聖人」而已。不過從《生命神學》的365則信仰告白的內容看來，作者蔡教授不愧是「基督教」虔誠的慕道友，是道成肉身的耶穌基督忠誠的跟隨者。

就如作者蔡丁貴教授之自我告白所言，他是以「科技人」的角色來探討「宗教」者，並自稱其《生命神學》的內容尚不完整。可是此書對於神鬼觀、人生觀、苦難觀、善惡觀、愛觀、三世因果及現世與來世觀，均有所探索思考。為此，凡是甘心做為「宗教人」（homo religious）去追求「眞」（神觀）、「善」（道德觀）、「美」（生活觀）的人生哲學者，均必須讀一讀，以免迷途而不知返。值得思考的是：現代世界被公認影響人類的宗教團體（即World Religions）一共有十一個：

波斯教（Zorastrianism）——善惡二元的民族宗教
猶太教（Judaism）——一神論的民族宗教
基督教（Christianity）——三一神論的普世宗教
伊斯蘭教（Islam，回教）——一神論的普世宗教
印度教（Hinduism）——多神論的印度民族宗教
耆耶教（Jainism）——無神論的印度民族宗教
佛教（Buddhism）——多神與無信仰的普世宗教
錫克教（Sikhism）——一神論的印度民族宗教
儒教（Religions Confucianism，非「儒家」）——多神論的中國民族宗教

道教（Religious Taoism，非「道家」）──多神論的中國民族宗教

神道教（Shntoism）──多神論的日本民族宗教

　　為此，宗教信仰之選擇顯得十分重要。任何一個健全的宗教都有「經典」及「教義」，內容均是形而上的「信仰語言」（Languages of faith），究其內涵並非人類的理性可以印證。他們因此需要教義神學加以護教與詮釋，才可能使現代人接受而成為他們的精神糧食。「宗教」必須人人用理性加以正視與檢驗，才不至於走火入魔陷於迷信之中。「宗教」之教義不是「我敢講，你非信不可」的東西，否則「新興宗教」將會不斷出現。但願蔡丁貴教授的《生命神學》，能夠啟發咱再次省思自己的宗教信仰問題，是以為序並共勉。

2024年8月10日

序三
神聖的臨在與時代的呼聲

黃春生
台灣基督長老教會濟南教會主任牧師

很高興看到蔡丁貴教授著作《生命神學的反思》的出版，更榮幸受邀爲此書寫推薦。蔡教授是我們處境查經班的好夥伴，他在台北時幾乎全勤參與，並在查經班中常提出獨到見解，啓發我們思考信仰中的深層意義，特別是面對當代議題時如何在信仰中找到方向。本書既是蔡教授初探基督信仰的紀錄，更是他深入反思的成果，推薦給每位讀者，與我們一同在信仰中尋求理解與啓發。

做爲一位理性的科學家，蔡教授經常反思科學、哲學與神學之間的互動。他以個人經歷探索信仰的意義，試圖從個人主體性走向族群大我的超越價值，尋找到了一種超越宗教界限的內在信仰。這種信仰，指向更高的普世價值，如自由、公義與愛的理念，這些理念也與基督教信仰的核心價值不謀而合。

蔡教授的生命神學反思，不禁讓人聯想到長老教會創始者約翰‧加爾文的信仰理念。加爾文在《基督教要義》

（Institutes of the Christian Religion）中指出，「真正認識神」和「真正認識人」是相互關聯的。加爾文認為，認識神（超越界）的本性是人類的首要知識，而神的榮耀與威嚴則在自然界與聖經中顯現。真正認識神，意味著對神的全能、聖潔、公義和慈愛的深入理解。這同時也讓人深刻地看到人的有限與依賴，從而促使信徒承認自己的罪性與有限。蔡教授在其反思中，以類似的方式從認識人性中的善性與惡性開始，進一步看到了人性內在「神性」與「魔性」的雙重性格，這點竟與存在主義神學家保羅·田立克（Paul Tillich, 1886-1965）的觀點不謀而合。

田立克指出，「神聖」具有「神性」與「魔性」、創造性與破壞性的雙重特質，而這雙重特質亦可各自成為信仰的基礎，信仰既可能醫治人，也可能毀滅人，使人得釋放，也可能將人捆綁。這種對神聖的雙重理解，反映出信仰的複雜性，提醒我們在信仰追尋中需謹慎地分辨。

這一神聖雙重性的理解，似乎也可從佛教的「無執」教義中得到補充。「無執」倡導對萬物不過度依附，但同時也隱含著一種追求「無執」的偏執，若執著於「無執」本身，也會形成另一種執著。這種「雙重性」的洞見，也顯示出蔡教授在信仰對話中的深度，展現出他在佛教與基督教之間探索的神學意圖，進一步印證田立克所提出的「相互關聯法」（Method of Correlation）的神學方法。

田立克認為，神學應以基督啟示和人類處境為出發點，與人類經驗對話，解答人類的存在疑惑。處境神學也正

是以此出發，主張神學反思應該從人類實際處境出發，包括存在問題、苦難與渴望，從而將神學意義與社會現實關聯起來。因此，他的神學也被稱爲「處境神學」。

蔡教授似乎也通過處境神學發出信仰的對話，在書末表露了他的信仰抱負，讓人感受到他對信仰的使命感。現代信仰的核心在於與時俱進，突破舊有框架，以一種開放的態度回應時代的需求。信仰不僅是個人靈性解放，也應當推動社會公義與進步。正如田立克所言，神聖的臨在並非抽象的理念，而是積極介入人類歷史，與當下的社會議題共鳴。處境神學也進一步延續此理念，致力於在社會運動、文化變遷與人權議題中尋找上帝的臨在，讓信仰成爲當下挑戰的回應。

透過蔡教授《生命神學的反思》的出版，我們得以在這個充滿變遷的時代中，重新經驗「神聖的臨在與時代的呼聲」，期待這本書幫助我們在現實世界中找到信仰的眞實意涵與未來方向。

序四
一個精神理念
認同耶穌的基督徒

柯怡政
公義行動教會牧師、台南神學院牧範學博士

　　蔡教授原來以台灣民間信仰的宗教背景投入關心台灣的政治，後來因為肯定長老教會長期對台灣前途的關注與貢獻，因此以一個好奇渴慕的心來接觸基督教的信仰，也積極參加教會相關的查經班。雖然他不是一個受洗的基督徒，然而可說是精神上的基督徒。

　　蔡教授這本信仰心靈的書，可以說是他對基督信仰追尋的心得，正如同一位慕道者乘坐耶穌基督與基督教聖經話語泳渡生命之河，尋找人類文明的中心價值──創造者上帝，這本書也是他的信仰告白。蔡教授以他不同宗教的立場來觀看聖經，來省思基督教教義，自然不受傳統基督教神學框架所限。這本書可視為「文本前讀者中心」的聖經詮釋，也可供傳統基督徒神學反省的一面鏡子。

　　另外，本書也可供為宗教對話的一個共同素材。作者

對於基督教的「聖神」有其特殊的定義，很明顯與基督教的定義不同，但是作者想用這個名詞將佛教、一貫道或民間信仰融合共通；作者也試圖說明基督教的愛與佛教的慈悲是相同的神學概念。筆者認為作者內心迫切想要促成台灣宗教的融合或提升，為的是要台灣人心靈的提升，如此台灣獨立建國的理想才會成功。否則，淪為目前台灣社會政黨爾虞我詐、權術騙術的攻防，人民沒有信仰價值，容易受操弄，那麼台灣的處境就堪慮，筆者看到作者嘗試這方面的努力。因此本書適合成為台灣宗教對話的基本素材，在宗教對話當中找出台灣百姓的共同價值，並以此基礎思考台灣新憲法的雛型，這是筆者對此書的期盼！

序五
以生命的神學對抗死亡的力量

邱凱莉
台灣神學研究學院宗教與社會學專任助理教授

　　有幸拜讀蔡丁貴教授之新書《生命神學的反思》，一閱讀就欲罷不能、停不下來。能夠會遇這本書並寫推介文，深深為此感謝。在我讀到這本書之前，跟蔡教授同為濟南教會處境查經班的查經夥伴，就常常受到蔡教授對於經文獨特的詮釋所啟發；而他自由的思考以及深刻的提問，每每加深查經班契友對於經文的理解，並帶來新的眼光，幫助了每一個人更深刻認識信仰。

　　本書雖然不以主題式的神學探討來展開，但每一個神學反思的片段讀起來都宛如振聾發聵的先知之聲，也如荒漠甘泉般滋養乾涸的心靈。

　　「16，聖神創造萬民萬物的核心旨意及終極關懷在於自由與公義。生命的神學意義在於扛起自己的十字架以彰顯聖神的旨意，落實聖神的終極關懷。」

「18, 宗教的價值在於協助或引導人們感受聖靈與聖神的存在。人需要建立正確的信仰，不必拘泥受限於宗教。」

以洗鍊的文字傳達出對信仰與聖神的深刻認識，有什麼能比這兩段文字更清確地說明聖神的旨意、生命的神學意義，以及宗教與信仰的區別呢？

「57, 一個宗教的關鍵價值不在於宗教體系而在於信仰，不是教義而是信徒。不是在信經與教義，而是對信仰有實踐能力的信徒。這是神學與宗教的最終關懷。一個對聖神有信仰、而且有聖靈充滿行動力的人，不是一個喜樂的自由人嗎？有需要教義、教儀的束縛嗎？」

「72, 信仰是對真理的認識、學習與堅持。信仰如埋藏的寶石，是需要被發現的（discovered）。宗教如房舍，是要被設計建造的（invented）。教義、教規、教儀就像房舍的規劃設計。教堂與寺廟是學習、傳播、實踐信仰的場所。缺乏信仰的實踐，教義、教規、與教儀就變成了裝飾的擺設（decorated）。宗教企圖藉由教義、教規與教儀的設計引導信眾學習認識真理，建立信仰，安頓生活與生命。」

蔡教授對於宗教與信仰的理解是深刻的。對於當下許多離教者，也許上述兩段文字能帶來莫大的安慰與心靈的啓迪。

本書對於信仰的剖析有如先知般銳利。宗教信仰不應該成為一個人的鴉片，教會更不是一個人逃避自由的地方。真正的信徒能夠像耶穌一樣，回應聖神的呼召，選擇拒絕降伏於死亡的試探與誘惑，與死亡的力量直球對決反抗，謀求解決大生命的苦難，為人們帶來自由與公義，為社會創造真正的幸福。

> 「214，個人小生命的幸福關鍵是自由，自由的關鍵是勇敢，克服原罪的軟弱與嫉妒。勇敢的關鍵是，在個人生活苦難的壓力下，選擇拒絕降伏於死亡的試探或誘惑。耶穌也曾經拒絕撒旦試探從殿頂跳下來的誘惑。族群大生命的幸福關鍵是公義，公義的關鍵是勇敢。勇敢的關鍵是，在面對死亡的威脅下，選擇與死亡直球對決反抗，以謀求解決族群大生命生活的苦難。耶穌也曾經正面回應聖神的呼召，為弱勢者發聲。」

讀者不必拘泥於宗派或宗教的成見，無須擔心神學見解的政治正確。與此書的文字會遇，更多的感受是被蔡教授精鍊的文字洗滌心靈，也被他銳利的神學見解刺透心靈。

本書跳脫了宗教體制的束縛；作者如剝洋蔥般直指核

心的文字，時而讓人淚流滿面，時而令人拍案叫絕。與這樣的神學著作會遇，是聖神莫大的祝福。祈願每個勇敢的心靈、受苦的靈魂，能夠在閱讀本書之後，再次獲得啓迪，也再次獲得生之勇氣，回應聖神的呼召，直面死亡的力量，爲個人尋得自由解放，爲族群帶來公平正義與生命的希望。

前言

　　這是一本科技人的生命經驗與心得。這裡的科技人是一個廣義的通稱，是指認為科學、哲學與神學不應該出現矛盾的人。相信可以透過哲學的邏輯推理，及相信科學研究對未知事物的發現，及對未知事物的神奇留給神學的創造。

　　作者出生於貧苦漁村的無產工人家庭，從小對於生命的無厘頭充滿抱怨與無奈，但也平安成長，走出自己的一條路。冥冥之中似乎又有一股無形的力量引導著生命的前進。這樣的生命經驗與理解，點點滴滴、片片段段，有的人選擇以自傳故事的方式記載下來，作者選擇抽離故事以抽象思維的方式留下紀錄，希望這種方式有助於台灣社會對未來生命本質的根本思考與建立，可以讓每個人都能透過將個人小生命有限與短暫的生命經驗與智慧共同累積，形成台灣人共同探討民族大生命價值與意義的模式。

　　人類文明的知識發展似乎先有神學，再有哲學與科學的衍伸深入。作者的生命學習經驗剛好反其道而行。先學習哲學邏輯與科學，再學習神學。從小時候的「無神論者」轉變成「有神論者」。可以說，是科技人生命探索聖神存在的體驗心得紀錄，這是本書「生命神學」的名稱來源與用意。

重點放在降低哲學、科學與宗教教義與傳說之間的矛盾。或者說，是以科技人的哲學與科學觀點來建立神學的觀點。

既然這本書只是作者個人的生命經驗，短暫而有限是必然的，而且是主觀的。也許將來經過更多個人的檢視、補充與分享，而能逐步讓這些有限或不全的生命經驗，達到更圓滿完美的客觀性與時空超越性，減少每一個新生生命獨自對未知生命摸索的恐懼，更希望能夠形成台灣人大生命共同的文化認同與民族意識。

本書撰述的方式是隨機靜思或學習的心得紀錄，沒有結構性的順序篇章，採取開放性的條列式記載，方便後續的增加或補充修正。作者在一生中認識兩位敬虔的一貫道傳道師，就是作者的岳父黃君答先生與妻舅蔡順義先生，他們基於他們的宗教信仰，奉獻一生，教導追隨者學習珍惜與奉獻自己生命的生活態度，讓作者讚嘆敬佩不已。謹以此書的出版紀念這兩位先賢溫熱不熄的生命光輝。

作者於2008年底有感於身為台灣教授協會會長的社會責任而走上街頭帶領民眾反抗流亡政府黨國政權出賣台灣的政策，在激烈抗爭之間的喘息片刻，不免時常反覆自問：這樣吃力不討好的事為什麼需要由我來做？難道這是我命中注定的嗎？在街頭抗爭期間，因為有需要了解社會運動運作的原理與機制而接受「城鄉宣教運動（Urban & Rural Mission, URM）」的訓練。訓練中在牧師的帶領下有機會認識基督教的耶穌。發現我對生命感到困惑的問題，耶穌在兩千多年前就遇到了。問過了，而且做過選擇了。這期間，在一場

URM高級班的訓練結束的行動計劃參與了「台灣公義行動教會（Taiwan Justice Action Church）」的創設，意圖模仿耶穌在街頭傳播福音的模樣，從體制內的教堂走到街頭上，為受到壓迫的弱勢者發聲。

2014年作者自國立台灣大學土木工程系的教職退休，到2016年黨國政權下台，街頭抗爭也接近尾聲，對生命的存在與意義再度激發作者的好奇心，而加入台灣基督長老教會濟南教會的處境查經班。這是一個可以自由發問與對話的聖經查經班，在黃春生牧師、柯怡政牧師與邱凱利教授的主持下，與資深的基督徒同學們對話，作者對生命的理解從基督教的神學理論學習很多，而有將這些心得加以記錄的必要。又因為作者的心得不是完全符合基督教的教義，可以說是一種比較前衛的看法，可能並不見容於所有的基督徒的傳統信仰，但作者無意挑戰各種宗教的信仰，本書的目的是對生命的議題提供一種現代另類的觀點，希望可以在科學、哲學與神學之間找到一個互不矛盾的見解，這是作者徵求由「前衛出版社」出版本書的原因。

作者對生命神學的理解，主要是藉由查閱基督教聖經衍生的思考與理解，但不限於基督教的神學理念。所以作者邀請台南神學院退休院長王崇堯牧師、台灣神學院退休教授董芳苑牧師、濟南教會黃春生牧師、台灣公義行動教會柯怡政牧師，及台灣神學院邱凱利助理教授為本書寫推薦序文，重點不在於這幾位基督教神學研究的專家對作者個人的生命神學的主觀見解的認同與背書，而是對於作者有勇氣加入生

命神學的探討給予作者的鼓勵。期冀本書的出版，能夠引發台灣社會從科學與哲學的基礎上來探討與理解生命神學，跳脫各種宗教既有的框架束縛。作者在此特別向這些牧長及前衛出版社的林文欽社長表示感謝。也感謝陳芷羚使用AI繪製插圖及編輯的校對編排。

生命神學的反思

1, 宗教不等於信仰。信仰跨越種族、性別、年齡、世代、宗教與貧富等藩籬。宗教嘗試帶領人們建立信仰。世人迷信於宗教,也迷失於信仰。每個宗教都有發展與建立自己的宗教信仰,但不是所有的宗教信仰都符合普世價值的信仰。普世價值的信仰要為世上所有民族、國家、和人民站在一起祝福。多元的宗教或教派不必合一,教會或寺廟也不必合一,可以合一的是普世價值的信仰。

生命神學探討人與人、人與生活環境、人與聖神及聖靈之間普世共同價值的信仰。

信仰是宗教內部的本體,宗教是信仰外在的型態。信仰與宗教的關係,就像引擎與汽車的關係,也像大腦與身體的關係一樣。

2, 有神嗎?有。以「聖神」統稱,以跨越宗教。聖神是經由感受認識的,不是由眼見與觸摸認識的。

033

3, 聖神不是住在天上。聖神道成肉身，住在人間，無所不在。聖神愛萬人萬物，無差別不同。

4, 聖神光明正大，至高無上。各宗教敬拜的神明是不同族群在不同社會生活處境所認識聖神的部份面貌、或接受聖神呼召庇護苦難民眾的天使。

5, 生命由身（body）、心（mind）、靈（spirit）等三者是聖神恩賜的三寶，合成一體是謂「三寶一體」。身是基本，心是思想運作，靈是本性。

6, 所有生命都是聖神揀選創造的。聖神創造萬人與萬物的規則是隨機的，是無私而不偏袒的。這是「人生而平等」的根本源頭。

平等並不是指人人會是一模一樣，而是指完成生命意義的機會是相同的。

7, 人死後有三個可能想像的狀態：天堂（heaven）、地獄（hell）、與安息（rest in peace）。

8, 聖神不會審判人死後進入天堂或地獄，而是人們自己的選擇。聖神接納所有死人的靈魂，安息於聖神的懷抱。

9, 人死後會復活嗎？會。在世活人記得死人的名字與事蹟，就是復活。復活有大有小，有長有短。義人在天堂裡復活，惡人在地獄裡復活。其他死人都在聖神懷裡安息。祖先常在子孫夢裡復活。

10, 瑪利亞聖靈受孕未婚生子，是耶穌大愛神學信仰的總源頭。

11, 人不是神。人性中具有神性（聖靈holy spirit）與魔性（或罪性，sin）。神性即善性；魔性即惡性。善人仍然帶有魔性；惡人心中亦有神性。

12, 身體是生命的聖殿，聖靈住在聖殿中堂裡。魔性在側。心是思想運作的機制。愛惜身體，是生命神學的第一重大意義。其次是維持心思正常運作，第三是安頓聖靈不息。

13, 聖靈是聖神在每個人身內長住的分身,是人與聖神對話的窗口。要常祈禱,保持與聖神的親密立約的互動關係。

14, 身體困頓苦難時,透過祈禱聖靈呼求聖神的協助扶持。聖靈受到魔性傷害時,透過祈禱呼求聖神協助扶持、避開試探與誘惑。

15,

聖神如鐘，有求必應，不求不應，心誠則靈。眾人之聖靈降臨時，就是聖神做工的時候。此即「一切榮耀歸於聖神」的要義。沒有聖靈，聖神無從顯現。

16, 聖神創造萬民萬物的核心旨意及終極關懷在於自由與公義。生命的神學意義在於扛起自己的十字架以彰顯聖神的旨意,落實聖神的終極關懷。

17, 人需要感受聖靈的存在,猶如可在黑暗中看到光,可在腐臭裡感受需要鹽。

在生活中跌倒,常是聖靈呼召的印記。存恩,去怨。

18, 宗教的價值在於協助或引導人們感受聖靈與聖神的存在。人需要建立正確的信仰,不必拘泥受限於宗教。

19, 與聖靈祈禱對話,不拘形式,可長可短,不限文字與場合。可歌、可泣、可哀、可怨、可求、可謝。坦承相見。靈與人(身與心)合一,稱「大智慧」。

20, 人一出生，即面對無可逃避的死亡。既不知什麼時候開始，也不知什麼時候結束。只知來時兩手空空，去時也是兩手空空。每一條路徑與處境都不相同。唯一終生不渝可以倚靠的守護神就是聖靈。

21, 世界上有鬼嗎?沒有。因為人死後不是復活在天堂,就是復活在地獄。絕大多數的死人都在聖神懷裡安息。人不會碰到完全不認識的死人復活。世人因無知或恐懼不安而疑神疑鬼。神棍與假先知裝神弄鬼,心中才有鬼。

22, 死人可能會復活,活人悔改可以重生。聖子耶穌以他生命為代價,教導聖神、聖靈的智慧奧妙,以行動帶領民眾走向實現自由與公義上帝國的理想。沒有悔改而認識真理,就不可能有機會得到救贖而重生。

23, 耶穌教導門徒與世人:「法門(way)、真理(truth)、生命(life)」。開示與聖神對話的祈禱,以行動實踐來回應聖神的呼召。

24, 生命如花樹,花開有時,花謝亦有時。今年之花,不是去年花謝輪迴再世。花謝歸塵土,塵土護樹根。花景存永世。

25, 聖靈不明即業障，魔性高漲就患貪瞋痴。生命如溪河，有時細水潺潺，有時大河奔騰，路徑處境沿途互動千變萬化，沒有宿命，唯有聖靈與之同行。唯最終皆沒入湖海。

26, 不知即無明。人生無明有如黑夜中潦水摸石過溪。聖靈啓發智慧，智慧探索聖靈，猶如雞與蛋何者爲先之迷津。初始端視環境機緣造化，後續即無差別，聖靈與智慧交相輝映。

27, 由知而生信，由行而稱義。此即悔改之眞諦。知而不信，猶如未知；信而不行，猶如未信。拯救由知與信開始，救贖因信與行而成就。

28, 人透過聖靈與聖神立約的關係是私密的特殊關係，無法依靠基因遺傳繼承，只能依靠典範移轉，學習成長。

29, 前人種樹，創造機緣環境，後人當珍惜感恩，親近聖神與聖靈的智慧。

30, 宮廟或教堂是信徒敬拜讚美聖神與神明的聖殿，也是信徒個人或集體與聖神及聖靈對話的私密公共空間。亦是學習先知流傳聖神智慧經典的場所。

31, 教義與教儀是宗教家爲了將先知傳播聖神智慧的普及化與生活化的規範。聖神恩賜的哲學思考與科學越是瞭解生命，教義與教儀規範亦應與時俱進，提升聖神智慧瞭解的深度與廣度，也提升信仰的韌性與進步的超越性。

32, 與聖靈對話祈禱，不是尋求興奮劑，也不是尋求安慰劑。而是要與聖靈坦誠相見，環視四周處境，運用聖神恩賜的智慧克服苦難、超越障礙，回歸正道。

33, 居家供奉祖先牌位，與供奉耶穌十字架同等福份。耶穌教導世人要愛鄰居與敵人，何況自己的祖先？

34, 在家供奉神明，與在家供奉耶穌十字架無所差別。都是提醒自己：唯一聖神與我們同在。若非敬拜唯一聖神，神明與十字架俱為人製偶像而已。

35, 聖神啓示聖子耶穌教導世人，認罪悔改以行為證明。認罪是謙卑內省自己魔性尚未盡除，悔改是依靠聖神智慧改造自己，讓聖靈顯現於內，行為形諸於外，開啓重生(rebirth)。

36, 重生發生在活人生命，復活發生在人死後。人沒有重生，不可能在義人的天堂裡復活。

37, 生命自出生到死亡稱之為「生」命physical life，死後的日子稱之為「死」命eternal life（漢譯「永生」是不完整不正確的。建議翻譯成「永世」）。人死後靈魂的存在不在於死的人，而在於活的世人。靈魂可能在義人的天堂復活（heaven），或在惡人的地獄（hell）復活，大部份的靈魂都在聖神的懷裡安息（rest in peace）。

38, 生命是活人的生存日子。對個人來說，有內在的（internal life）及外在的（external life）現實生活。同時，相對於現實生活，還有虛擬的世界（virtual life）。內在的internal life在求心安的自由，外在的external life在求壓迫解放與公義的自由與憐憫。虛擬的世界在脫離現實生活的壓力或限制。

39, 「聖父聖子聖靈三位一體」是歐美角度的基督教教義。耶穌福音的信仰應該建立世界角度的基督教教義，跨越宗教的藩籬，分享世界性共通的信仰。讓耶穌在世間復活而不是升天坐在上帝的旁邊。這就是「基督再臨」啟示的真諦。

40, 身體的存在是生命的基本條件。身體狀況的關鍵元素來自父母的基因、生活的環境及自己衛生習慣的管理。生命出生前沒有前世的業障或罪惡。死亡後停留在「永世eternal life」。生命出生時自聖神吹氣而開始,至安息聖神懷裡而結束。生不帶來死不帶去。

41, 自殺是怨恨聖神的報復行為。拒絕聖神交付的任務,聖神仍然會以仁慈的大愛接納,讓迷失者安息,以慈愛化解怨恨。

42, 熱愛生命是回報聖神創造恩典的態度。「行公義,存憐憫,謙卑,與聖神同行」是熱愛生命的具體表現。

43, 「神愛萬物」。聖神慈愛所有的受造物。耶穌教導世人要讓眼盲者看得見,跛腳者可以站起來,受監禁者得到自由,受壓迫者得到解放。人不是神,聖神創造萬民萬物自有聖神的旨意。人因無知而替聖神擅自做主。

44, 貧窮、瘟疫、天災、病痛，不是前世的罪孽，也不是聖神對世人的懲罰。貧窮的根源是政治與經濟的剝削，及社會缺乏憐憫。瘟疫與天災是自然環境的動態發展，超越了習以爲常的步調。病痛是身體機能運作失能的警訊。反而，聖神與人們同在，共赴苦難，重得自由。

45, 一人一生只有一世，沒有前世、亦無來生。珍惜今世，不枉今生。人死離世，無知無感，靈魂存在於永世（eternal life）。生前選擇的生活累積即已決定靈魂在永世的區位：天堂、安息、地獄。聖神不做審判，永遠仁慈接納與鼓勵。

46, 聖神不會以威脅或懲罰束綁世人向善。聖神喜悅世人在苦難中運用智慧找到出路，在得意忘形中自我節制謙卑。福禍一體兩面，福禍相依。

47, 耶穌不是「為了人們能有生命並且更豐盛的生命（路10:10）而出生來到世上」，而是耶穌出生與成長後，為了人們能有生命並且更豐盛的生命，選擇扛起十字架而受釘死。耶穌實踐了聖神交託的任務。這是耶穌嚥下最後一口氣前說：「成了（It is accomplished）!」的真義。

48, 沒有人知道聖神交付每個人的生命任務。透過心靈的探索才能在混沌中意識到聖神的呼召，由感受呼召而找到出路。心靈的操練有助於堅定信仰，幫助更清楚地感受到尚未探索或尚無意識到的心靈領域。生命的意義之一就是享受心靈成長的樂趣。

49, 生命如長河，時彎時曲，時起時伏，有苦有樂。最苦是無能為力，力不從心；最樂是甘霖解渴、豁然開竅。生離死別，生命規則，難免不捨，交託聖神。

個人生命如長河之一滴水。滴水聚集成細水，細水長流則江河滾滾，滔滔不絕。

50, 世間的意外事件不是意外,也不是聖神對受難者罪惡的懲罰,而是因果關係的隨機出現。「個人因果關係」容易理解,自己種的因,自己受的果。生命共同體的「社會因果關係」需要聖神的智慧來理解。此一群體種的因,另一群體受的果;此一世代種的因,另一個世代受的果。是謂生命共同體的「社會因果關係」。不是不報,時候未到。時候一到,不是意外。同族同命,此一肢體種因,另一肢體受果,何來意外?悔改是修補前惡種的因,減少之後受的惡果。

51, 人性中有神性(聖神的形象)及魔性(sin)。魔性不是罪惡本身,是引誘人犯罪的原性,與神性都是聖神的創造。人性的掙扎就是神性與魔性角力的戰爭。心靈的操練就是鍛鍊人性充滿神性,克制魔性。人的受難不是自身前世的業障帶來的。人的犯罪是自身的魔性誘使的。社會的安全維繫在人人都能克制各自的魔性。個人與社會的神性提升是必要的。

52, 身(body, physical)、心(mind, mental)、靈(soul, spiritual)等三寶,與聖神恩賜累積智慧的科學(science)、哲學(philosophy)、神學(theology)相對映。

53, 聖神是慈愛的、憐憫的。在恆古之初，聖神創造萬民萬物的時候就昭告：宇宙的變動是不變的定律。天然事件如地震、颱風、洪水等是宇宙必然的常態。天然事件造成災害不是聖神的審判與懲罰，而是生命共同體的社會因果關係。一些人種下的因，另外一些人受到惡果。地球暖化是人為的天然環境災害。

54, 聖神為什麼不出手阻止或懲罰作惡者？聖神道成肉身，住在人間，聖靈分住在社會每個人身上。聖靈如果無動於衷不感應，聖神的事工不會啟動。聖靈共振，神威顯現，聖神大功告成。

55, 生命是有限的，有出生，也有死亡，就是「末日臨到」。末日臨到時，聖神不是來審判的，聖神是慈愛憐憫來接納的。末日臨到後靈魂的永世 (eternal life) 處境有：在天堂復活、在聖神懷裡安息、在地獄復活，是自己自由選擇生活的結果，自己要負責的。惡小萬莫作，善微累加乘。

56, 新天新地是生命對聖神的祈願與追尋。新天新地的中心不在於房舍的新舊，城市的遷移，區域的更動，而是對帶領信仰的反思、解讀、詮釋、創造與實踐，可以產生原動力。時過境遷，舊天舊地。與時俱進，即為新天新地。

57, 一個宗教的關鍵價值不在於宗教體系而在於信仰，不是教義而是信徒。不是在信經與教義，而是對信仰有實踐能力的信徒。這是神學與宗教的最終關懷。一個對聖神有信仰、而且有聖靈充滿行動力的人，不是一個喜樂的自由人嗎？有需要教義、教儀的束縛嗎？

58, 生命的歷程是人與人、環境、與聖神（靈）之間關係的時間印記。生活倫理就是生命歷程中生活作息的規範。倫理的規範包括科學、哲學、與神性三個層次。科學的倫理必須符合可以重複驗證的；哲學的倫理必須推論是合乎邏輯的；神學的倫理是行事必須合乎普世價值信仰的。

59, 生命從什麼時候開始？根據基督教舊約聖經的記載，生命以三個階段完成啓動：一，身(body)的啓動(混沌、黑暗的水中受孕)；二，心(mind)的啓動(離開母體，見光)；三，靈(spirit)的啓動(聖神吹氣，吸氣)。各個物種各階段啓動的過程各有差異。上一個階段的啓動就是下一階段的準備。

60, 生命以聖神喜悅創造開始，也可以在聖神喜悅接納下結束。沒有怨恨、沒有遺憾，沒有恐懼、沒有強迫，聖神大愛自會歡喜接納聖靈回歸安息。

61, 人死後的永世(eternal life)有天堂，有地獄。義人在天堂，惡人在地獄。

現實生活（external life）也有天堂，也有地獄。不愁吃穿是天堂，貧窮是地獄。自由是天堂，壓迫是地獄。公義是天堂，不公不義是地獄。

內心生活（internal life）也有天堂，也有地獄。神性是天堂，魔性是地獄。

62, 聖神為什麼既賜福聖靈（神性），又讓魔性伴生，如刺在身？猶太先知保羅如是問。

聖神答曰：我的恩典（聖靈）足夠生命生活所需，我的能力是在人的軟弱上顯得完全。（林後12:7-9）

世人皆知不直接送魚給飢餓者，而送釣竿給飢餓者去釣魚。何況聖神？

63, 信、望、愛，是生命內涵的具體意象。信仰是最根本的，由信而生大智慧，由大智慧而對那還不在眼前的未來產生盼望，引導前進的方向；愛是最大的。大慈悲憐憫的行動就是愛。愛不是佔有，而是同甘共苦的熱情與行動。

沒有慈憫愛的行動，盼望就落空，信仰就崩潰瓦解。

64, 在境如苦海的人生中，會有豐富的生命嗎？會。但豐富的生命需要經過學習與經營。

生命痛苦的來源；貪、瞋、痴、恐懼、貧窮、壓迫、歧視、忌妒、無能為力、無所盼望。耶穌教導世人：道路、真理、

生命。世人必須學習正確的方法，認識痛苦的來源，建立聖神的信仰，堅定自己的信心與盼望，採取慈憫愛的行動，勇敢前進。這就是豐富的生命。

生命如孤舟航行於茫茫大海。順利航行的兩大要件：船舵與船槳都來自信仰。豐富的生命關鍵在對聖神的信仰。

65, 死亡只是身軀肉體的贏家,但死亡不是打敗生命的贏家。因為個體只會死亡一次,身軀肉體無法延續,但生命會產生新的生命,生生不息,而且靈魂會復活。生命才是贏家。

66, 對一種能力與真理沒有感受,也不曾目睹,甚至未曾聽聞,當然不會知道這個能力的存在。所以,不知道並不等於不存在。聖靈與邪靈的存在就是有這樣的能力。在伽利略發現地球是圓的以前,地球本來就是圓的。在牛頓發現地心引力之前,地心引力早就已經存在。聖靈與邪靈亦如是。

66. 生命內自然存在的兩種能力：向善的神性與向惡的魔性。神性稱之為聖靈。魔性稱之為邪靈。聖神是所有聖靈的投射；撒旦是所有邪靈的投射。聖神與聖靈的緊密連結才足以勝過撒旦對人性的試探，不會失去信心。

67. 義人的聖靈在聖神創造的天堂裡復活，不再死亡，它的光會照亮更多世間的聖靈。

惡人的邪靈在聖神創造的地獄裡復活，他的邪靈只能忍受與黑暗相伴的煎熬，直到聖神慈悲讓它安息。

68. 身軀有如水井，聖靈猶如井中的活水，心則如取水的水桶。沒有水桶，只能望水興嘆，即使看得到，也喝不到。用水桶打水需要練習，操作水桶的繩子也要恰恰好。繩短，桶懸空；繩長則桶空，兩者皆落空。

喝下活水，生命的源泉即滔滔不絕，生命充滿活力，不再虛空。去邪歸聖！

69, 以聖神（靈）為主人的信仰是好信仰。信仰受到魔性遮蔽是受到污染的信仰。信仰是跨越宗教的。一個宗教的教徒缺乏靈修，信仰受到腐蝕，教徒只剩內心虛空的醜陋外表，傷害了該宗教的本意，拉開了這個宗教與聖神的距離。

70, 所有的人都會碰到壞事。平常很難分辨誰是好人誰是壞人。都要等到有人出面阻止壞事發生或惡化時，才知道這個人是好人，才知道做壞事的人是壞人。替壞人辯護的人不會是好人。與好人同理心的人是潛在的好人。

71, 好人的心思不是去天堂，而是以作為維護天堂的神聖性，以彰顯榮耀歸於聖神。好人即義人。

壞人的心思不是去地獄，是因作為而踏上走向地獄的道路，終日驚慌害怕，無法超生。壞人即惡人。

大眾常在神性與魔性的角力之間掙扎，一念之間。

72, 信仰是對眞理的認識、學習與堅持。信仰如埋藏的寶石，是需要被發現的（discovered）。宗教如房舍，是要被設計建造的（invented）。教義、教規、教儀就像房舍的規劃設計。教堂與寺廟是學習、傳播、實踐信仰的場所。缺乏信仰的實踐，教義、教規、與教儀就變成了裝飾的擺設（decorated）。

宗教企圖藉由教義、教規與教儀的設計引導信眾學習認識眞理，建立信仰，安頓生活與生命。

73, 愛是生命神學的基礎殿石，自由與公義是生命神學追求個人與社會群體安頓身、心、靈的目標。非暴力是行公義、存憐憫、謙卑、與聖神同行的手段。

聖靈運作於個人，聖神運作於社會群體。缺乏個人聖靈的道成肉身，無法彰顯聖神的自由與公義。無感聖神大愛仁慈憐憫的恩典，不足以拯救個人於困惑、苦惱、受難，亦無法創造社會群體盼望與喜樂的力量。

74, 上天無常乃自然運行的法則。聖神與聖靈的連結則似黑暗混沌中的燭光、滾滾急流中的浮木、久旱枯焦中的滴水，引導生命走過苦難。此謂上天之德。上天之德，大愛慈悲憐憫自由公義之德也。上天之德，聖神之道也。德者，信仰也。

世人迷失，失去信仰，認魔作父，自尋墮落，卻怪罪聖神？

世人缺乏大愛慈悲憐憫之同理心，對受害者冷漠，也缺乏追求自由行公義的勇氣，對加害者縱容，是世人無德，非上天無德。

75, 聖神既創造了人，這是無止境的恩典，人還需要聖神拯救什麼？明心見性，可矣！

人若軟弱，無法克服魔性的引誘與試探而走上岔路，卻不悔改，人又要聖神拯救什麼？偽善虛假，如何超渡？

76, 「道成肉身」的眞諦,就是從「教宗」解放到「人人皆祭司」,再進化到「人人皆先知」,住在人間,回歸於聖神。這是回應聖神應許世人「自由」與「公義」的旨意。

自由主義與民主主義是人類社會思潮必然的發展趨勢,失去了信仰,就會變成暴民與無政府狀態。

77, Mission一詞,與其翻譯成「宣教(教義)」,不如翻譯成「宣信(信仰)」或「宣道」。Mission的最終目的是宣揚信仰,宗教的教義只是宣揚信仰的法門。不同的宗教有不同的法門。信仰則超越宗教。

只「宣教」而忘卻「宣信」或「宣道」,紛爭、隔離與疏遠隨即產生。

77 再一則

聖神之「大能（mighty power）」與「不能（impotent）」是一體的兩面。

個人或社會不會因為身內存在聖靈而阻絕受難，也不會因為擁有聖靈而從無能感（powerlessness）自動得到解放。此即為「不能」。

個人或族群社會若對聖神有信仰，透過聖靈與聖神對話而得到解決問題的智慧與行動的勇氣，則身心靈就會產生力量。此即為「大能」。

主權在聖神與聖靈手裡，行使在個人與族群社會手裡。

78,

文化是個人生命約定成俗累積的經歷與表現。族群社會的集體生命經歷與紀錄就是歷史。歷史是集體族群的生命故事。

溫故知新，從何而來？現在為何？往何而去？生命神學的目的就是在文化與歷史中掌握、明白、與培育個人與族群社會的生命意義、價值與存續。

79, 個人的生命是小生命。身就是身體,心就是邏輯思考的能力,靈就是聖靈的信仰。

族群社會的生命是大生命。身是生活的環境,心是意識形態,靈是聖神的信仰。

沒有健康的小生命,大生命就會殘缺不全,搖搖欲墜。有了健康的小生命,聖神的大能無所不在。在人,是萬萬不能,在神,是無所不能。

80, 教會與寺廟是宗教教導信徒學習照顧小生命及護持大生命的教室及體驗實踐的場所。

教會與寺廟應是聖神與聖靈大愛充滿的聖殿。信徒的人性光輝如若未能顯現,榮耀聖神與聖靈,則已走上旁門左道,徒勞無功。

81, 生命神學雖有「小生命」與「大生命」的觀察範疇與分野，不是區隔而是交互作用。

佛教禪宗五祖傳讓時，神秀偈曰：「身是菩提樹，心如明鏡台，時時勤拂拭，莫使惹塵埃」，就是小生命聖靈的神學觀點。惠能偈曰：「菩提本無樹，明鏡亦非台，本是無一物，何處惹塵埃」，就是大生命聖神的神學觀點。沒有優劣之分，是與時俱進的必然。

佛教亦有「小乘」與「大乘」的神學觀點。

82, 釋迦牟尼、耶穌、穆罕默德、孔子皆聖人也。道成肉身，住在人間。以生命實踐他們各自的神學信仰。

將聖人神格化是世人軟弱的跡象、怯於落實實踐的藉口。

聖神撒下種子，出現聖人。聖人道成肉身，撒下種子。即使風吹雨打、鳥啄荊棘，總有種子落在好的土地上，發芽成長結出十倍、百倍的種子。聖人道成肉身只會越來越多，這就是聖神的旨意。

小生命是種子，在大生命的園地裡開花結果，生生循環不息。

83.

信仰為自由與公義帶來盼望。盼望帶來生命的活力、探詢真理的勇氣。

失去信仰，宗教是冰冷黑暗的監獄，死氣沉沉，龍蛇雜處，招搖撞騙，教徒成為牢房裡的奴隸，無法死裡逃生。

沒有公義的自由不是真正的自由，而是假借自由之名，行破壞自由之實。

84.

聖神創造人類時為什麼先創造男人、再創造女人？

各種創造的歷程，都是先求「有」，再求「好」。所以，女人具備有男人沒有的特殊裝備與性能。

各種宗教經典與人類經驗都顯明，後來者為好，符合聖神旨意的精益求精，有了就要更好。

世上男人都自以為是，自以為先佔先贏，卻不知所有的人都是女人生的。這是聖神交代給女人延續生命的神聖使命。

85, 聖人釋迦牟尼、耶穌、穆罕默德、孔子等感化世人，救贖（渡人）無數。

Christ就是救贖者，就是基督。

基督不必是唯一的救世主。

大基督（菩薩）救贖（渡人）千萬，中基督（菩薩）救贖（渡人）十百，小基督（菩薩）救贖（渡人）一二，微基督（菩薩）救贖（渡）自己。

人人皆可為基督（菩薩）。日日行救贖（渡人）。

86, 聖人乃聖神大愛創造降臨世間之恩典，道成肉身，住在人間，成為典範。

世人卻將聖人神格化，使聖人脫離人間，產生隔閡的高牆與鴻溝。

世人誤認聖人為聖神之本尊，輕視了聖人修道克服魔性誘惑與試探的痛苦歷程，將聖人的感化與救贖（渡人）視為理所當然，平白得到恩典反而不知珍惜。世人亦容易產生以凡人之心度聖神之腹，放棄學習聖人實踐救贖（渡人）的典範。

87, 救贖（渡人）就是悔改。悔改就是以行動想要改變思想與受苦的現況。

人要悔改，自由與公義的上帝國就接近了。

人要悔改，學習新知與能力，增進身體健康、改善工作效率，提升幸福喜樂。

人要悔改，堅定信仰，要行公義，要有同理心，要有能施捨的行動。

88, 神學探索的需求是來自族群社會大生命的思維。尋找小生命與大生命的關係與互動機制。

生命在小生命的園地發芽成長，但只能在大生命的園地裡開花結果。種子再撒在小生命園地裡醞釀等待發芽成長。這是生命的大輪迴。

肉體的小生命沒有輪迴。珍惜生命、把握生命、活出生命，這是大生命大輪迴的真諦。這也是蜜蜂與螞蟻的生命模式。

89, 佛教「苦諦」之八苦：生苦，老苦，病苦，死苦，憂悲惱苦，怨憎會苦，受別離苦，求不得苦。是小生命的苦。

基督教之「八福」：虛心、哀慟、溫柔、慕義、憐恤、清心、為義受苦、因信受毀謗。是小生命在族群大生命的因苦得福。

基督教之「七禍」：能說不能行，喜愛首座高位，喜愛受稱老師，假冒為善，瞎眼領路，外表公義內部污穢，迫害義人與智慧人。是小生命在族群大生命的危害。

大生命殘缺對小生命產生之苦：貧窮、歧視、仇恨、剝削、壓迫、專制、獨裁。

90, 佛教慧能大師說：「我心自有佛，自佛是真佛，自若無佛心，何處求真佛？」

自佛就是聖靈，是天生具備的，但也是需要修煉、感受、擦拭的。若無佛心聖靈，即使外求聖神，也是徒勞無功。

聖靈與聖神是一貫連結的。小生命的聖靈集結而形成族群大生命聖神的大能與恩典，降臨在地面如同行在天上。

91, 民間信仰為了紀念「義人」的「義舉」,時常將義人神格化,以「神」尊稱,蓋廟紀念之。這是民間宗教中「多神」誤會的由來。時日一久,只留下「神」與「廟」,卻忘記「義人」與「義舉」所顯明的生命神學意義,陷入迷信的穿鑿附會。

民間宗教中的「義人」多,隱含透露社會長期生活在不公不義的困難下,「義人」的「義舉」是生命面臨生存掙扎時,回應聖神呼召的獻祭。也顯示民間社會的聖靈本性雖隱晦而仍溫旺,未脫離聖神創造的本性。

92, 聖神的本質,西方基督教稱為「愛」,東方佛教稱為「慈悲」,名稱不同,本意相同。都是「同甘分享,苦難共擔」的意思。沒有條件的愛就是慈悲。(宋泉盛,解讀人生的密碼,p.191)

世人常為宗教之用詞、教儀之不同而爭執,卻不知信仰的本意並無二致。眼瞎帶路,自以為是,走上歧路,治絲益棼,此之謂也。

93, 道成肉身，住在人間。小生命之道，是謂「人道」。族群大生命之道，是謂「天道」。

沒有「人道」，遑論「天道」？不求「天道」，「人道」落空。

「人道」是「天道」之奠石，「天道」是「人道」之昇華。

「人道」與「天道」，生命之道的一體兩面。人道，立基在平安喜樂。天道，致力於自由公義。

94, 耶穌傳道之前經過魔鬼的試探。魔鬼不是外在的，而是內心軟弱的魔性在挑戰耶穌、對承擔傳揚上帝國任務的不安。是因為自己貧窮飢餓而需要如此嗎？是相信刀槍不入生命可以不死而需要如此嗎？是對功名利祿的追求而需要如此嗎？

凡事三思，瞭解自己的聖靈，相信聖神的呼召，心魔自然敗退。

95, 悔改是救贖的鑰匙。認知是悔改的鑰匙。有救贖才能產生創造。

無知來自視而不見，聽而不聞，感而不受。知而不行，心魔封鎖，與無知無異。

感受小生命愛與慈悲的聖靈是認知的鑰匙。

認知族群大生命聖神賜福的恩典與旨意是自由與公義，是救贖的原動力。

96, 道德觀是教義與教規之一。禮拜觀是教儀之一。教義、教規、教義是引導學習信仰的法門，但不等於信仰。

基督教初代教會使徒保羅告訴羅馬的信徒說：「聖神的慈悲勸你們，將（小生命的）身體獻上，當作（大生命的）活祭，這是聖潔的，是聖神所喜悅的；你們如此事奉乃是理所當然的。」

97, 道成肉身，住在人間。道者，信仰也。身體力行，活出實踐信仰的樣式。

聖靈藏於人身之內，聖神隱於人身之外，生命是聖神與聖靈的橋樑。

生命之生活方式，盡務生之正信，忌迷死後虛靈。生時，生命在聖神與聖靈之間可以交流；死後生命結束，聖靈安息聖神懷裡無法動彈。

98, 小生命實踐信仰樣式的指標在健康與喜樂。族群大生命實踐信仰的樣式在做鹽做光，極致就是「殉道」，樹立實踐信仰的典範，是謂「住在人間」。「殉道」勝於「殉教」，因信仰超越宗教。

「殉道」典範的元素有三：1、身體健康打不倒；2、堅持信仰不屈服；3、不暴力報復施暴者。非暴力抗爭不公不義，就是「殉道」的正信與正道。

殉道者的鮮血是族群大生命生生不息的活水。

99, Truth 真理；faith 信仰；belief 信念；trust 相信。

信仰是對真理的堅持。是就是是，不是就是不是。知就是知，不知就是不知。真理是客觀的事實，信仰是對真理採取的主觀立場。沒有人可以破壞真理。人常因堅持信仰而殉道。真理與信仰是跨越宗教、性別、種族、年齡、世代等的。

信念是真理加上道德觀與禮拜觀等教義、教儀與教規等而形成。

相信是全盤接受，沒有質疑。

明辨生命的真理與信仰，才能與時俱進，不偏不倚、平安喜樂、無畏無懼、自由公義。

100, 教會或寺廟是個人小生命與族群大生命的中介者與銜接者。

對內,教導生活中聖靈的體驗,學習聖靈的智慧與實踐的行動,維持小生命個體的健康幸福。

對外,教導學習與實踐聖神族群大生命旨意的自由公義,及生生不息運作的原理。

聖靈是個人小生命與生來自聖神的恩典。族群大生命是所有個人小生命的創造者與掌權者的具體形象。教會或寺廟是生命的教室、操場與舞台。

101, 生命神學，歸根究底，就是實踐神學。就是聖人耶穌所傳：「我是道路、真理、生命」的福音真諦。

道路就是身體力行，無畏無懼，鞠躬盡瘁，死而後已，無怨無悔，這就是實踐生命存在的終極價值與意義。聖人耶穌說：「凡為我喪掉生命的，必得著生命。」（馬太16:25）意即，凡是為了堅守信仰的真理而喪失個人小生命的，必定會在族群大生命中復活。

有實踐的真理才是信仰。有能力實踐真理的生命才是活的生命。

102, 耶穌降世，猶如聖神在美好園地撒下一顆芥菜種子，發芽長大，樹蔭下可以容下勞苦飛鳥築巢；亦猶如賜下一顆聖蛋，孵出一隻母雞，展翅保護小雞，免受凌空飛來鷹爪的攻擊。

耶穌以有限的個人小生命，傳道、行道，及至在十字架上殉道，運行族群大生命的真理與信仰。彼時，世人之聖靈隱蔽，及至耶穌死後在天家復活，才覺珍惜寶貴而陷入耶穌再來的盼望。

103,

世人不知耶穌在生時已替聖神撒下無數芥菜種子，落在良好園地的芥菜種子發芽成長開花結果又再撒下無數的芥菜種子，世世代代生生不息。基督已經道成肉身，住在人間。基督從未離開人間，何需仰天苦苦盼望耶穌再來？

104,

基督在哪裡？大哉問！

沒有人見過聖神的眞面目，世人與基督面對面卻眼盲不知。

窮鄉惡土、生靈塗炭，心存基督，基督的光就在那裡。

榮華富貴、酒池肉林，心存基督，基督的鹽就在那裡。

人生無常、生老病死，心存基督，基督的平安就在那裡。

日出日落、四季如常，心存基督，基督的喜樂就在那裡。

惡霸當道、剝削壓迫，心存基督，基督的自由就在那裡。

虛假偽善、狐假虎威，心存基督，基督的公義就在那裡。

基督是聖神的恩典，住在人間，住在聖靈裡。

105, 基督有大有小嗎？

世道常理，由下而上。聚集個人小生命的小基督，才有能量形塑成族群大生命的大基督。常道，有小基督，就會有大基督。

聖靈蒙蔽，社會混沌黑暗，小基督滅絕之時，聖神賜下大基督運行大生命，由上而下。重新撒種耕耘，注入活水，讓聖靈復甦，恢復生命力。

無他，聖神愛萬物，主權在他，這是「非常道」。世人稱之為「神蹟」，聖神運行事工的事蹟。

106, 施捨，是將自己的既有切割下來給予他人，打破佔有獨享的慾望，是利他的。

禁食，是自己可以進食而選擇切斷不食，克制自求多福的疏離，也是利他的。

施捨與禁食的操練，是個人小生命面對族群大生命中不公不義的苦難時，實踐信仰的日常功課。前者，同甘共享；後者，苦難同擔。

107, 個人小生命有世界末日，因為人的身軀是塵土做的。族群大生命沒有世界末日，因為聖神是創造者，他的創造勝過所有可能的毀滅。世上人為的組織或政府有世界末日，當他們違背人們當初創造他們的本意時，末日就在門前。

108, 個人小生命的聖靈會審判與懲罰，因為他必須從魔性中分辨出自由與公義。當聖靈受蒙蔽時，沒有信仰的審判與懲罰會造成偏頗，擴大仇恨。

族群大生命的聖神不作審判也不懲罰，因為他是大愛與慈悲的，他接納他所創造的萬物，沒有分別心。

109, 「宣道」的起點是包容與接納，這是聖神大愛與慈悲的記號。

包容與接納是個人小生命聖靈癒合的開始。

聖靈癒合才會帶來悔改的契機，才會打開救贖的鑰匙。

世人之聖靈受蒙蔽，分別心重，往往反其道而行，卻不自知而洋洋得意自稱義。

湖邊漫步，見人落水，直覺伸手，拉其上岸。豈會先查明身份再伸手？

110,
認知聖神與聖靈是建立信仰的基礎。因信而產生盼望與行動的勇氣，是稱義。

有信而沒有實踐的行動，就像種下果樹，卻沒有結出好的果子。信而無行，不是深信，誇口說信，反而害「信」。

義，不分大小，只要盡心、盡性、盡意、盡力，實踐愛自己與愛厝邊鄰人的信仰，就是義。

111,
世界各地長了許多果樹與穀物，結出不同的果實。不同地區的果子與穀物有些很像，但不完全相同，有些完全不一樣。這些都是聖神創造的，都是美好的。各地的宗教也像各地的果樹一樣充滿多元。結出的果子也像宗教一樣，沒有含有毒素的果子與穀物都是美好

的。

聖神是唯一的，聖靈就像各地生長的果樹與穀物一樣，需要培育，疏離毒素，灌溉生命的活水，結出眞善美的果子與穀物。這是聖神歡喜的。

信仰必須合一，宗教可以多元。合一信仰眞善美的樣式也是多元的。就像自然界的花一樣，多元的顏色與樣式，呈現一樣的美感。

112, 耶穌如此教導門徒祈禱:「我們在天上的父（聖神），願人尊崇你的名為聖，願你的國降臨；願你的旨意行在地上，如同行在天上。我們日用的飲食，天天賜給我們。赦免我們的罪，因為我們也已赦免虧欠我們的人。不叫我們遇見試探，救我們脫離凶惡。」(路加11:2-4) 以免信仰崩潰。

耶穌出道時引用先知以賽亞書說:「主（聖神）的靈臨到我，因為他揀選了我，要我向貧窮的人傳佳音。他差遣我宣告：被擄的，得釋放；瞎眼的，得看見；受壓迫的，得自由。」（路加4:18）這也是預告悔改者聖靈回應聖神呼召族群大生命「人人皆先知」的啓動。這就是「分別為聖」的真諦。

113, Repent翻譯成「悔改」，只傳達了一部份的意思，意指悔改者犯錯改正的意思，宗教上容易引起「改宗」的誤解。承諾要做而未做，就需要悔改。

在多元文化與宗教的現代化社會中，知識與資訊快速傳播，相對於古代社會對宗教在知識傳播上依賴度，已經發生重大變化。知識的學習不會完全經由教會的知識教育開始。對宗教教徒來說是進入了「人人皆祭司」的階段，對更多的非教徒而言，宗教或神學是一門全新的學問。

對非教徒（未曾探索生命意義的人）而言，repent的意思更接近「覺醒」的意思。因未知未覺而未行，則當覺醒。

人當覺醒，因為上帝國近了。

任何個人小生命都應當覺醒，為族群大生命自由公義的上帝國盡一份心力。

114, 「基督Christ」是拯救者的本意。耶穌是基督的真諦,是因為耶穌為了勸導世人走上正道,脫離苦難的宿命而願意犧牲自己的生命。釋迦牟尼也是基督,穆罕默德也是基督。甘地也是基督,馬丁路德金恩也是基督。聖神愛萬物,賜給萬國萬民不同的基督聖人,引導世人前進。基督,道成肉身,住在人間。

115, 信仰不是用天堂的幻覺引誘來的,也不是用地獄的魔像恐嚇來的。這種建立在天堂與地獄的信仰是建立在沙灘上的城堡。當苦難的潮水臨到了,城堡就崩垮了。

信仰是個人小生命的聖靈與族群大生命聖神的立約。

116, 當宗教成為富人炫耀世人的裝飾品時,苦難的底層民眾仍然在茫茫大海中不知尋找信仰的倚靠,卻隨著富人起舞。這是貧窮者的可憐?還是傳道者的失策?

傳道,就是傳播信仰,就是身體力行實踐信仰。信仰的目的就是實踐救苦救難,協助弱勢者、受壓迫者脫離苦海。

缺乏信仰，聖神不喜歡祭典祭物、不喜歡吟唱詩歌，唯獨喜歡聖靈分別為聖，身體力行，替天行道。

117, 聖餐禮的用意在於紀念耶穌為拯救世人的悔改而犧牲生命。擘餅象徵耶穌無畏無懼的犧牲生命。吃下擘餅象徵願意接受耶穌在參加儀式者的心中撒下芥菜種子，喝下葡萄酒象徵以耶穌寶血的活水灌溉心田，芥菜種子可以發芽。

即使如此，耶穌也預知不是撒下每顆種子都會發芽結出果子，需要時時提醒。

雖然撒下種子能夠發芽結果子的比例不多。但是一顆稻子發芽結穗會結出十顆百顆的稻子，耶穌的生命就是這樣的復活，住在人間。

118, 耶穌的神性高深廣大，道成肉身，住在人間，宛如聖神之子。但聖神疼愛萬國萬民萬物，聖神會只有一個獨生子賜給猶太人嗎？

聖神疼愛世人，應該會因地制宜賜下不同的聖子，帶領世人悔改，追求平安喜樂與自由公義。

聖子來到世間，傳道，撒下天道的種子。種子落在聖靈的福地，自然就會發芽開花結果，生生不息。何來末世之說？

119, 耶穌等聖人「天國（kingdom of god）之道」傳開之後，天道日益彰顯，雖心魔尚未消滅殆盡，戰爭患難層出不窮，但個人小生命之聖靈與族群大生命之聖神交互感應，與日月星辰宇宙互相輝映，必不滅絕。

120, 宣教者時常以天堂誘惑世人，以地獄恐嚇世人。末世之論說是屬於後者。

未知聖神與聖靈之存在，自然不會信。未知，故未信。今日未知，故今日仍未信。他日已知，自然就會信。

未信者如是未知者。對未知者以恐嚇驚嚇而欲產生信仰，無異緣木求魚，適得其反。

對未知者開天竅的法門就是信仰的見證。特別是傳道者信仰的生活見證。實踐信仰，就是活的信仰，就是信仰的見證。

121, 尊稱耶穌為「聖子」,確實是再合情合理不過了。因為他的聖靈充滿,活出聖神完整的模樣。

說世人是聖神的兒女,是勉勵與期待。稱之為聖神的嬰兒,應該比較適當。世人受造來到世間之時,聖神已經賜予聖靈在身,有的人卻棄絕聖神,聖靈未曾成長,甚至蒙蔽,失去生命的方向。不論身體年齡長短,聖靈卻夭折而亡,枉費聖神的大愛與仁慈。聖神為之流淚嘆息!

122, 史前時代是多神多鬼的時代。人類文明進入「神學」主導的時代,「神學」思想掌握宗教與政治的權利。經過理性邏輯的思考,「哲學」充實了「神學」的內容。再經過發現真理的「科學」實證,神學的內容與詮釋必然去疑存真、與時俱進。

耶穌不是聖神的「獨生子(only son)」,而是聖神的「聖特子(holly unique son)」。人人都是聖神創造的生命,都是聖神的兒女,耶穌就不會是聖神的獨生子。但是在聖神所有獨特(uniqueness)的兒女中,耶穌的生命充滿聖神性(holiness),即特異性(extraordinariness)。

123.　「升天」是一種見證信仰的訊息。耶穌升天就是耶穌克服軟弱魔性的誘惑、選擇犧牲自己的生命見證自己實踐上帝國的信仰。見證信仰的極致就是願意付出自己的生命而堅守信仰不墜。

耶穌升天並不是因為他是上帝的獨生子，而是他堅持遵守對聖神的承諾，帶領猶太人追求上帝國的理想，不離不棄對聖神的倚靠。這樣的生命充滿聖靈，即使身體死了，他的聖靈也必與聖神站在一起。這就是「耶穌升天」的真諦。

124.　「死亡」帶給世人莫大的恐懼，即使認知到沒有人能夠逃避「死亡」的宿命，仍然感到驚惶失措，無法安心過日。

世人既然必有一死，為何仍然如此驚惶失措？原因在於認知到死亡必至之時，生命已經錯過寶貴時間，無法從頭準備了，已經無法重頭開始了。

死亡的意義之一，在於提醒個人小生命的有限性，一視同仁，無差別待遇。超越死亡恐懼的方法，珍惜個人小生命的存在與掌握死亡帶來族群大生命的活力。

125, 每位義人有他們各自被聖神呼召的使命，有大有小，角色各有不同，但目標一致，讓族群大生命更自由更符合公義。

認識聖神的存在，接受聖神自由與公義的旨意，選擇無條件順服聖神的呼召，這是點燃個人小生命聖靈之光的開始。

聖靈之光是個人小生命人性的眼睛，眼睛受到魔性遮蔽，世界變成黑暗混沌，看不到族群大生命的方向。

脫魔入神，時時警惕，在危難困頓中保持清醒，不慌不亂，無畏無懼，不使蒙塵。

126, 佛家說，不爭就是慈悲，不辯就是智慧，不聞就是清淨，不看就是自在，不貪就是佈施，斷惡就是行善，改過就是懺悔，原諒就是解脫，知足就是放下，利人就是利己。

這是從個人小生命的角度說的，這是族群大生命延續的基礎。沒有獨立自主的小生命，就不可能有自由公義的族群大生命。這也就是儒家說的「獨善其身」。

生命的苦難來自自然環境不確定性的雖然不少，但源自弱肉

強食的動物叢林法則的人間地獄也不少,但並非世人無可超越的宿命。

127, 聖神的呼召,先知的引導,點燃聖靈回應聖神的聖火,為弱勢者說話,看見受壓迫者的痛苦,為軟弱者採取行動除惡,主張自由公義就是佈施。這是儒家說的「兼善天下」。先知觀照時代的徵兆,以燃燒自己的小生命而實踐對族群大生命的信仰見證。這就是生命生生不息的機制。

個人小生命有時而亡,族群大生命生生不息。

128, 有宿命嗎？有的。族群大生命的宿命是明顯可以看出來的。大生命的終極目標就是自由與公義。雖然族群有大生命的存在，但也不是平坦路途，時常蒙受苦難，遭受獨裁與不公不義的壓迫，但不會持久。聖神的運行必定勝出。

個人小生命沒有宿命。小生命唯一的宿命就是死亡。小生命在無常的環境中生活，生命的歷程是自己選擇的，生命就是所有選擇的累積。種下什麼種子，自然結出什麼果子。聖靈是小生命做出選擇時的度量衡。度量衡失能了，小生命就容易走入黯淡無光的黑暗。

129, 人生在世，必須努力工作，滿足食衣住行「屬身 (physical)」與育樂「屬心 (mind)」的需要。除此之外，還需要保持「屬靈 (spiritual)」敬虔的心，安頓個人小生命。聖靈的機警，觀察族群大生命聖神的脈動。

人空手而來，空手而歸，「屬身」的需求需要知足，因為生不帶來死不帶去。「屬心」的需求需要培育邏輯獨立思考。人在世時「屬靈」所行的，在他離世之後還可能會留下影響。這樣「屬靈」的價值就是「屬世」的價值。如果不是「屬世」的價值，會對社會群體「屬天」的大生命留下影響嗎？

130, 傳統上，「屬靈」的價值都被誤解為只是「屬天」的價值。失去了連結「屬世」與「屬天」的橋樑角色。

道成肉身，住在人間。「屬靈」即「屬世」，亦是「屬天」。

如果「屬靈」只是「屬天」而不「屬世」，則個人小生命的生存就完全沒有意義了。

131, 先有呼召？還是先有信仰？
人人都是聖神創造的，聖靈是受造完成時聖神恩賜的隨身靈體。邪靈是檢測人性的隨身機制。

信仰是可以學習得到的，教會或寺廟的社會教育功能在此。呼召只能來自個人小生命聖靈對族群大生命聖神旨意的感應。

有信仰不一定會感應到呼召，因為信仰還沒有透徹堅定，也因為信仰不是倚靠基因遺傳或世代傳承累積的。明白族群大生命聖神的旨意，才容易感受聖神的呼召。有實踐行動的信仰，是聖神呼召聖靈的典範。

132, 生命的三個層次：身命（physical life）、性命（spiritual life）、使命（missionary life）。

身命包括身與心。性命包括心與靈。使命就是個人小生命與族群大生命的連結。

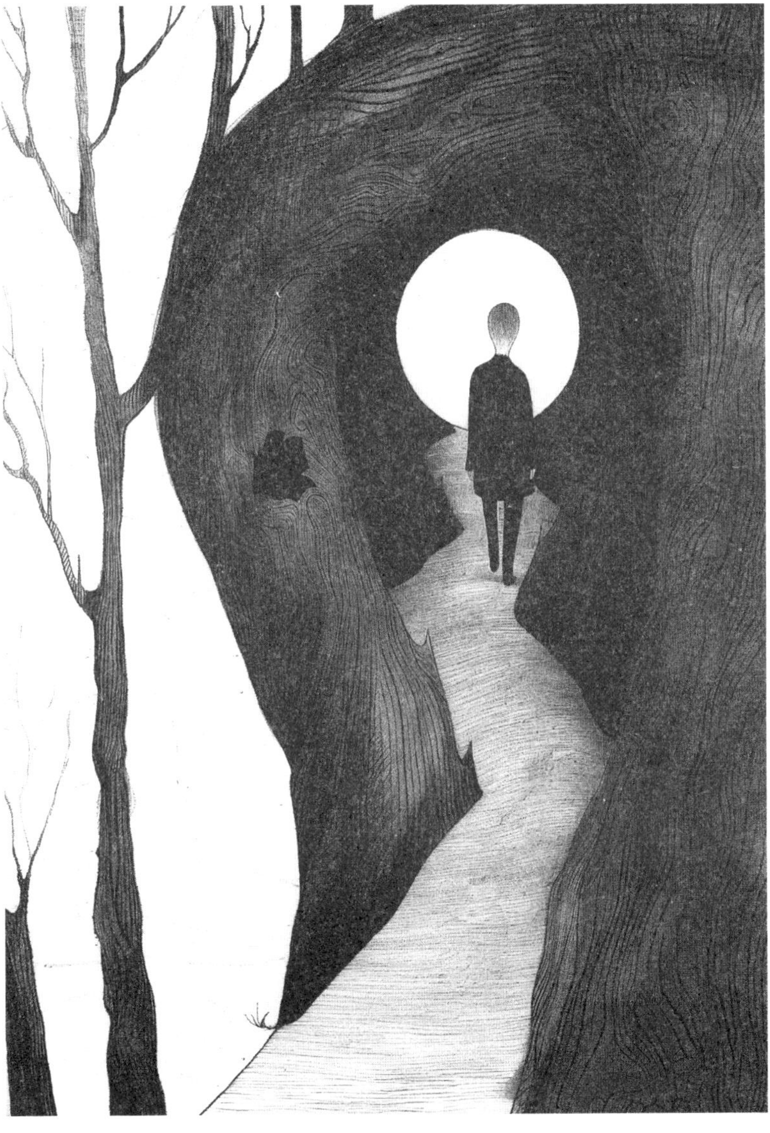

133, 什麼是當代的福音？

保羅所處初代教會時被打壓的苦難處境，傳講耶穌基督「與主同受苦難」的福音，具有很深的信仰意義。其出發點就是耶穌回應聖神呼召的時候，誓願與弱勢者站在一起，替他們講話。

簡單來問，台灣社會的苦難在哪裡？世界的苦難在哪裡？我們有「與主同當苦難」的立志嗎？還是只是一天到晚祈禱自己可以站在聖神的左邊或右邊？

134, 耶穌目睹猶太人飽受羅馬帝國殖民體制統治壓迫的痛苦，及猶太教法利賽人以律法約束麻醉基層民眾的苦難時，告訴猶太人說：「你當悔改，天國就近了。」這是耶穌傳講猶太民族的自救之道。唯有猶太人瞭解如何自救，猶太民族盼望的自由公義的上帝國才會逐步接近。

悔改（repentance），分成三個階段：認知自身的苦難源頭或當前社會的不公不義，克服自身的魔性、罪性與惰性，及改頭換面重新出發。這不是逃避現實的自救，也不是自我滿足的自救。這也是儒家「人溺己溺、人飢己飢」與媽祖聖神同受苦難、聞聲救苦的自救。

悔改就是覺醒，就是個人小生命與民族大生命自救的起點。

135. 耶穌以行動傳講的福音，就是無差別地對待所有的人，特別是猶太主流社會所忽視的弱勢邊緣人、外邦人、宿敵、甚至殖民壓迫者的成員。聖神愛世人是聖神無條件的恩典。耶穌傳講的福音重點，聖神不會放棄任何一個人。

耶穌的福音強調愛、赦免與悔改。世人喜歡強調耶穌犧牲生命的救贖。沒有赦免與悔改這種愛的自救感應，如何產生救贖？

136. 悔改是自救（self-liberation，也稱自我解放）過程的行動，不會一步到位，逐步前進，致力美好。

自救源自心識的自覺。不知不覺，無從談論自救。先知先覺，觀察到時代的徵兆，個人小生命的聖靈回應族群大生命聖神的呼召，喚醒後知後覺。

自救的障礙來自無力感與無助感，兩者帶來挫折感與失敗感。無力感源自不知從何開始、如何選擇？無助感來自孤單沒有倚靠。

137, 耶穌說：我是道路、真理、生命。道路就是行動的方法。愛與非暴力抗爭就是自救的真理。個人小生命的自救就能活出族群大生命聖神的生命形象。

耶穌傳講：聖神不會拋棄任何一個人。聖神就是每一位要自救者最大的倚靠，聖靈機警傾聽聖神的呼召，完成聖神最寶貴的救贖（salvation）。

138, 真神長得什麼模樣？

真神的模樣是每個人自己與真神的獨特立約關係，每個人感受的真神模樣不一定完全相同，但是真神愛每一個人是一樣的，都足夠每一個人所需。因為一樣米飼百樣人，外表上每一個人領受的看起來就不相同。

139, 不要羨慕或嫉妒他人領受來自聖神的恩賜多、而自己領受的少。要反覆自省來自聖神的呼召。回應聖神的呼召越強，聖神的恩賜越大。聖神的恩賜不是像世間的錢財要放在銀行的，而是要讓聖神的慈愛普及大地的，因為這才是喜悅的源頭。

140,
「外離相即禪，內不亂則定。外禪內定，即為禪定。」這是小生命修持的方法。外相紛亂繁雜無常，遠非個人能力可以操控，隔絕離相不受困擾，斷絕亂源，稱之為「禪」。阻絕了亂源，不再為亂源而方寸浮動不安，稱之為「定」。外禪內定，即為禪定，求個人小生命之安身立命也。

141,
無禪即無定，若有禪仍不定，此外相非小相，大相也。大相之紛亂繁雜無常，不公不義，亦令大生命為之無所定，生靈塗炭。小生命離相之「禪」已不足以安定小生命之聖靈，必也聞聲救苦，呼應聖神的呼召。

小相，個人小生命之相；大相，族群大生命之相。

142, 聖神住在哪裡？

使徒行傳17:24記載保羅說：「創造宇宙與其萬物的聖神，既是天地萬物的主，就不住在人手起造的殿。」那麼，聖神住在哪裡？保羅見證耶穌升天，站在聖神的旁邊。聖神住在天堂嗎？天堂在哪裡？

約翰福音說：道成肉身，住在人間。可知，聖神無所不在，不會被人手起造的聖殿所侷限。

寺廟與教堂的靈氣不在於建築物的雄偉華麗，在於對信仰的實踐力。

聖神的分身聖靈，住在小生命的心田裡。

143, 保守派（conservative）傾向律法主義，堪稱「維持現狀派」。liberal應該翻譯成「解放派」或是「改革派」，傾向自由開放。宗教上有這樣的區分，也連帶在政治與社會文化上有這樣的區分，形成思想理念拉扯的權力動態關係。

世人探索認識聖神與生命是一個過程，有新的認識，自然會帶來新的改變，改變就會超越既有的律法，需要得到解放。要改變就會打破既有秩序的安定，重新調整秩序。

144, 解放派追求從舊秩序進入新秩序的自由，仍然需要自律維持大部份的舊秩序，不是毫無節制的自由。因為律法是源自世人認識聖神產生的自我約束。

耶穌說：我來，不是要打破舊有的，而是要成全。成全，就是與時俱進，脫古改新。

族群大生命的公義正是要平衡個人小生命的自由。

145, 生命的生活形式有三個層次：物質（身）、社會（心）、心靈（靈）等。物質生活就是追求滿足身體感官功能的幸福。社會生活就是追求社會地位得到尊重的幸福。心靈生活就是追求精神層次得到安心的幸福。

物質生活的幸福追求是動物性的本能。社會生活的幸福追求是意識性的。心靈生活的幸福追求是建立在道德自律基礎上的。

146, 宗教的產生是人類群體生活自然產生的。宗教生活自然也包含物質、社會與心靈三個層次的生活面向的調和，偏重單一層次面向的生活方式不能算是完整圓滿的宗教生活。

生老病死的無常是物質生活的常態，趨吉避凶是正常反應。物以類聚是社會生活的通則。求神拜佛是精神生活找尋倚靠的跡象。

147, 了斷生死是大智慧，安頓身心是大修行。人性中有神性有魔性。神性是善性，不必自喜，切勿自恃有而善小不為。魔性即惡性，不必自棄，切勿自諒惡性存在而惡小為之。

生死是個人小生命的必然。生，操之在聖神的安排。死，是小生命的結束，是小生命生活中自由選擇過程累積的終點。生，帶來盼望。安頓身心靈，是小生命的修行。死，雖然哀傷小生命的有限與無常，也會帶來族群大生命的盼望。

148, 人的天性之一，魔性或稱罪性，也有不同的面向。佛家所說的「貪、瞋、痴」即是常見的心魔。

若把自己膨脹到自以為是聖神,甚至超越聖神可以控制周邊的一切,可以為非作歹、為所欲為的驕傲,也是人的魔性超越了神性或善性。

有時候,人們面對或目睹不公不義的壓迫,視而不見、聽而不聞,沒有勇氣講真話做好事的軟弱,也是魔性超越了神性。

驕傲的魔性,讓人做出不該為卻為之的事。軟弱的魔性,讓人該有所作為卻猶疑不決、瞻前顧後而不為。

瞭解自己的魔性,就是認知罪性的存在,提醒自己,操練信仰,產生行動堅定神性信仰的勇氣與力量,自然就會得到救贖。

149, 宗教與信仰外觀上是一體的,就如同神性與魔性在人性上也是一體的。

信仰是每個人與聖神個別的立約關係。宗教團體是教導人們如何與聖神建立立約關係。宗教團體是由人們組成的,由先進者帶領後學者學習前進。此時,若無正確而堅定的信仰倚靠,人為魔性操控的宗教就會流於教儀與教規的迷信形式。

信仰的操練有如逆水行舟，不進則退。周邊社會環境的發展有如時間的長河，滔滔不絕，變化萬千。生命則如一片小舟，信仰就是逆水行舟的船槳與船舵，必須盡心盡力的努力，才能往前推進，不致於隨波逐流而沉沒。

150,

咒誓是向大眾與上天澄清過去不為人知的清白。立約是向大眾與聖神表明未來要努力堅持的信仰。

檢討反省過去固然重要，盼望實踐未來更重要。

掩蓋的事沒有不揭露出來的，隱藏的事沒有不被人知道的。凡走過，必留下痕跡。只能修補，無法消蹤匿跡。立約則是建立未來生命的導航線。

151,

德國神學家潘霍華認為追求自由的元素有四：紀律或律己 (discipline)、行動 (action)、受難 (suffering) 與死亡 (death)。

個人小生命無法律己或大生命缺乏紀律，源自猶疑不決、心意閃爍，信仰無法堅定；天花亂墜、說得一畚箕、做不到一湯匙，自由不會從天上掉下來；堅持信仰、無畏無懼前行，

必然受到既有體制的阻礙與打壓而受難；受難時，人性的軟弱必然在信仰的堅持與現狀的屈服中掙扎，能夠看破死亡的恐懼，自由即降臨地面，隨心所欲，無所罣礙。

152, 基督教舊約聖經「出埃及記」記載，猶太人領袖摩西在西奈山頒佈「十誡」。信徒都以社會道德規範的宗教角度來理解與奉行。其中之一為聖日「安息日」的規範。

彼時，猶太人淪為埃及法老王的奴隸，終年累月累日操勞生活，無法休養生息。摩西藉由宗教儀式對上帝的信仰，頒佈了「安息日」的作息設計。猶太人在操勞六日之後可以有一天「安息日」可以敬拜上帝。彼時，敬拜上帝的過程就是暫時停止勞動，接受教育學習知識的機會。從宏觀的角度來看，摩西透過宗教信仰不著痕跡而成功地突破解放了部份埃及的奴隸統治，可以說，是一場成功的宗教運動對埃及政治奴隸統治的非暴力革命行動。

153, 自由是個人小生命追求的終極目標；公義則是族群大生命維持個人小生命自由的平衡機制。

個人小生命從無中生有，受聖神創造，蒙受恩庇，也受環境條件限制。學習成長，超越現狀，突破困境，解脫束縛，追求身、心、靈的自由。

身的自由，維持健康；心的自由，獨立自主；靈的自由，與神對話。

154, 族群大生命由個人小生命聚集而生，千姿萬態百樣人，互相競爭，情勢使然。任其自生自滅，弱肉強食，終將滅絕，違逆聖神好生之德。公義者，族群大生命之道也。道成肉身者，個人小生命自由之身成就於族群大生命的公義之道者也。

155, 生的意義，就是服務(service)，服務自己、家人及他人。死的意義，就是帶來希望(hope)，希望精神不死，聖靈永在，世世代代永世代。

生，不是用來掠奪與享受的。佔有多於自己生活的需求就是掠奪，己多，他者必少。己越多，他者必越少，終至無以繼日維生，失去生存的平衡秩序。

死，不必哀傷哭泣。死是身軀活力的結束，是個人小生命生活事蹟的結案，是族群大生命復活的開始。

生，不知有死，是謂愚；未知小生命死之將至，是謂貪；既知而無所適從，是謂癡；既知而怨天尤人，是謂瞋。

156, 「中立」是迷人的妄語與誑語。在神性與魔性之間，如何中立？在行善與行惡之間，如何中立？

個人小生命追求自由，族群大生命追求公義，只能在拒絕魔性的誘惑、超越試煉之後才能得到。猶疑不決、勇氣不足，以中立做藉口，阻斷前進自由的道路，禁絕公義的降臨。

中立，是人性軟弱的病徵，是魔性誘惑毒藥的糖衣。

157, 宗教信徒常常不瞭解信仰，遇到苦難困境，祈禱神佛伸手救苦離困，展現公義。

神、佛無言無形，不會也不能自己直接現身救苦救難、主持正義。只有信仰神佛的信徒反躬自省、認識魔性誘惑造成的業障，才能讓個人小生命聞聲脫離苦海。只有信仰神佛的信徒集體行動，公義的族群大生命才能主持正義，而將榮耀歸給神佛。

信徒的個人小生命無法警醒悔改、族群大生命無法耳聰目明且集體行動，表示信徒信仰的神佛是空洞的，只是祭拜人造偶像的宗教教徒。

158, 無神論者是從個人小生命的視野來觀察人類生活、追求自由的運作與秩序。若無法意識到族群大生命需要公義的臨在，即無法感受聖神的存在。

無神論的善者是自律利己的實踐者，不會危害他人，亦不會有造福他人的動力。是生活平順、未曾遭遇困頓或受到他人幫助的幸運兒。無神論的惡者則是以神佛自居，超越神佛，為所欲為，甚至為非作歹。

個人小生命的一生，波折不斷，飲水思源，感恩圖報，理所當然，無有具體對象，集結靈氣而形成族群大生命的運作機制，集體持守、集體受惠，稱之為聖神。

159, 人性中的最大魔性或惡性之一，就是軟弱（weakness）。個人小生命的生存與成長，需要父母的保護、師長的教導與朋友的扶持。軟弱的魔性是與生俱來的。小生命無時無刻處於忍受、調適與克服苦難的挑戰，逐步走出框架的束縛，得到自由。軟弱讓個人小生命無法抗拒其他魔性的誘惑與試煉。

160, 人性的軟弱也顯露在對於他人苦難的視而不見、聽而不聞、說而不行的無助感與無力感，讓族群大生命的公義蕩然無存，無法維繫。

信仰的操練在於，能在個人小生命中克服自己的苦難而「安心」，更能在族群大生命中有為他人承擔苦難的「立命」。

161, 個人小生命內求聖靈，外求族群大生命的聖神。個人小生命的聖靈是族群大生命聖神的分身。小生命透過聖靈與大生命的聖神對話，祈禱就是對話的方式，也是禮儀，是對聖靈與聖神的尊敬。

小生命的聖靈沈寂，生命力就迷失茫然，前進吃力；聖靈敏銳，沈著倚靠、安心就容易渡過苦難。個人小生命的聖靈齊聚共鳴，族群大生命的聖神就降臨地面如同行在天上。人稱「替天行道」。

162,

各種宗教隨著歷史的洪流,留下眾多的經典,提供宣道者傳講,做為初學者入門學習的依據。

各種經典的文字記載內容豐富多彩,但仍可歸類成三大記述:「神學(theology)的智慧、神話(myths)與神蹟(sign)。」

神話是人類認識宇宙想像的創造。神話都留下無可印證的缺口。這些缺口也是人類認識宇宙的窗口。

神學的智慧則逐漸演繹成哲學的邏輯,進一步由科學加以具體呈現。

神蹟則在萬萬不可能瀕臨絕望的困境中,帶給人們最後的盼望,絕處逢生。也在得意忘形的時候,樂極生悲。人們時常未盡一切努力,就空等神蹟憑空而降。也在登峰造極的時候,跌入萬丈深淵。世事無常,就是聖神的事跡。

163, 個人小生命有如一滴小水滴在「無形」中凝聚出現。數個小水滴聚集成大水滴，數個大水滴聚集成小流水，小流水聚集成小溪流，小溪流匯集成小河，小河匯集成江湖，最後注入大海。小生命滾滾而動，最後匯流注入族群大生命。

小水滴如果沒有凝聚，乾涸蒸發回歸大氣，如煙如霧消失無縱。個人小生命亦復如是。江湖大海中有如濁水溪沙數的小水滴，但無法分辨個別的小水滴。大生命中有如濁水溪沙數的小生命，但無法分辨小生命來自何時何地何世何種？個人小生命都在人類族群的大生命中安息。

164, 人類歷史上有不同宗教，是因為不同族群在不同生活空間中對認識聖神有不同的體驗。會有宗教改革，是因為人們在不同的生活時間對聖神有與時俱進的新體驗。不同的宗教並沒有優劣的區分，敬拜聖神的用意是一樣的。宗教改革帶來對聖神新的體驗，但不會完全，仍會有盲點而偏離真理信仰。這是各種宗教各自不同的特色，也是有不同的侷限性。換句話說，這是人認識聖神的侷限性，不是人類大族群聖神真理的信仰會因人、因地、因時而有變異。

165, 聖神信仰如高山，一山爬上又一山；聖神信仰如大洋，一洋渡過又一洋。浩瀚無窮，引人入聖。

宗教改革是社會改革的火車頭。神學的與時俱進是宗教改革的原動力。

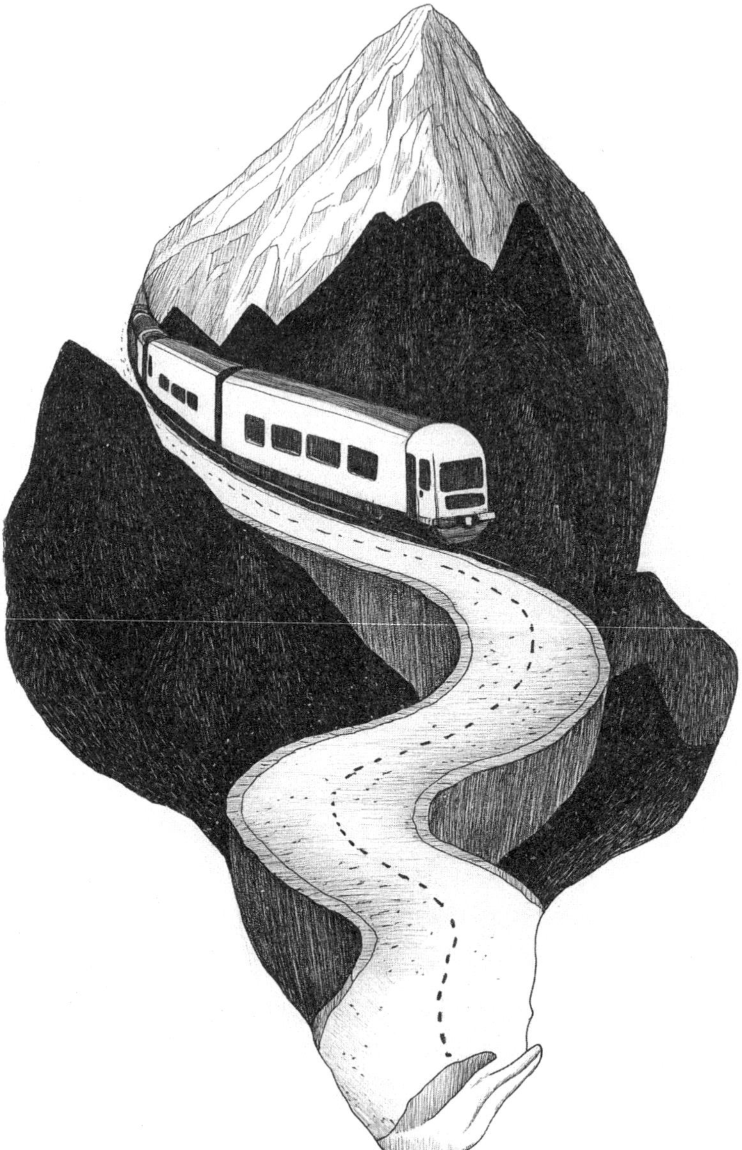

166. 個人小生命的「聖神感(聖靈)」是宗教形成的源頭，猶如一顆蛋的蛋黃。文化處境就像包著蛋黃的蛋白，為人性內在面向的成長與發展提供條件。小生命在他的文化與宗教環境中學習，也受到環境的影響。

反過來，個人小生命也將他獨特的觀點貢獻給他人，從而改變族群大生命的世界。族群大生命宗教傳統的活力是基於個人小生命互為主體的互惠交流，以此啟發與增加個人小生命的新觀點與新論述。

167. 就人類而言，小生命就是你我他的每個人。大生命的具像就是家庭、家族、部落、團體、社會、國家、民族等不同尺度規模的族群組合體。

個人小生命的生命意義在於超越身體侷限、心識不明、物資缺乏與心靈空虛等框架的限制而得到自由的滿足。

族群大生命的生命意義在於尋求族群大生命的公義。包括環境公義、社會公義、土地公義、性別公義、生態公義、弱勢公義、政治轉型公義等。

168, 個人小生命居於生存的需要與經驗而產生宗教，再進而維持族群的發展而組成教會（神權）與政治社會（君權、民權）。教會與政治社會的結盟關係，如果是夥伴關係，是好的。如果是臣服附屬關係，就失去了維持公義的制衡力量。

169, 神學新思維的論述都是被發現的（discovered），不是被發明的（invented），也不是被創造的（created）。因爲聖神原本就在，而且無所不在。只是人們對聖神的認識是逐步的，是與時俱進累積的，是持續不斷的。遠離聖神，思想就停滯不前，失去目標，陷入紛亂，無法超越困境。

170, 面對超越困境的未知前景,人們總是徬徨而恐懼無助的。聖神對族群大生命自由與公義的呼召,是對個人小生命「愛」的情操的驅動力。愛鄰居如同愛自己;愛仇敵也如同愛自己,不要報復。

171, 宗教的特徵會讓人意識到個人小生命與族群大生命之間的感性、理性與靈性關係。

教會或教團的形成,是已解放的信徒帶領未解放教徒的信仰學習與實踐場域。

已解放的宗教信徒能夠懂得使用他們的自然理性反思自我,可以自己以成熟人格進行思考與行動,從權勢與權威中解放出來,也可以分辨虛假與真實的宗教。這就是「因信稱義」的本質與內容。這也是「救贖」的定義。

反之,未解放的教徒只是遵循教規、教儀、教義,而尚未有理性能力思考與行動,無法超越體制的框架。

172, 個人小生命的自由,是族群大生命實現公義的基礎。小生命的思想、言論、集會、遊行、出版、學術、宗教、經濟等的自由,都是人們探索聖神存在與認識聖神之必然與必要的理性求知與嘗試過程。

反之,假借族群大生命公義的名義,封殺個人小生命的自由,則是殺雞取卵、自取滅亡的絕路。族群大生命的環境正義、生態正義、社會正義、經濟正義、文化正義與性別正義,將隨之逐步崩壞瓦解。這是聖神的憤怒、審判與懲罰。

不過，聖神也是慈愛的神。她對個人小生命聖靈的應許，做光做鹽，不會拋棄，族群大生命的曙光就會再度升起。

173. 觀察宗教現代性的第一個指標，就是與時俱進的神學信仰論述。第二個指標就是這些神學論述提升了個人小生命的自由與族群大生命的公義。自由是公義的基礎，公義是自由的倫理規範。有開創性就有現代性。

有堅強（堅信）信仰的信徒會以道德實踐者的內在信仰行事，讓族群大生命的聖神喜悅，會完全按照聖神的命令、對脆弱（輕信或未信）的宗教教徒展現出愛的行動、服事鄰舍。這個愛的概念成為族群大生命的基石，是個人藉由各自服事鄰舍的愛傳達了聖神的愛，超越了宗教體制律法的約束。

174. 這種「愛鄰如己」的信仰不再是一種宗教體制，不必再藉由其他文化形式或組織而存在或交互依存，也可以說是一種「無形的教會」。畢竟，信仰的功用在於賦予現代世俗文化一種特殊的精神氣質，讓現代性變得更符合人性，也更符合聖神的旨意，行在地上如同行在天上。

175, 具有堅強信仰的信徒之所以能夠超越自身的魔性,滋生出愛鄰舍的概念與行動,是個人自身追求小生命自由與大生命公義的過程當中,聖靈與聖神角力搏鬥的特殊體驗。由對聖神的憤怒、抱怨,到對現實處境的接受,再到理解對聖神旨意的順服,與願意奉獻個人小生命的犧牲產生的承擔等過程的情緒交織而成。

176, 這種「宗教感」是與生俱有的恩典,每個人發覺感受它存在的時機各自不同。有人相當敏銳,有人臨死才會察覺,甚至原封不動帶回去還給聖神,這種體驗不是一種完全理性而是靈性的經驗。這是個人小生命信仰的成長與救贖,是因信稱義的磨練,是「道成肉身住在人間」的族群大生命典範。

177, 耶穌福音:要愛鄰居、仇敵如同愛自己。愛的效果勝於恨,愛是向上提升,實現上帝國;恨是向下沈淪,墜入深淵。

愛是無邊界的。但是愛是要有順序的,也是有代價的。第一要盡心、盡性、盡意愛你的聖神,這樣你自然會愛自己。愛自己之後,才有能力愛你的鄰居,最後才有能力愛仇敵。不能本末倒置亂了套。

愛的源頭來自聖神，啟動在聖靈；愛的目的是要完成聖神的旨意：自由與公義。

178,

宗教改革的內容與實質的意義,其實是信仰理解的提升及現代化。這個過程自然是信仰的解放者(liberal)與信仰保守者(conservative)在宗教體制上的角力。

一樣米飼百樣人,每個人對靈性的感受不同,表達愛的方式也有所差異。宗教改革或是信仰再發現都無法一步到位,滿足每個人不同的需求。即使新教已然興起,舊教也不會隔夜就消失無蹤。各取所需、各適其所,用敬虔的心愛聖神、愛自己、愛鄰居、愛仇敵。

只要這樣的信仰「合一」一致,敬拜的方式即使不盡相同,哪裡有新教與舊教之分?哪裡有異教徒與外邦人之差?有信仰的人就像好的果樹一樣,會結出好的果子。好的果樹不分樹種。信仰合一,宗教或教派隨人。

179,

基督教宣講的上帝國是什麼?

上帝國就是不要誇耀自己,榮耀歸聖神。

上帝國就是要相信自己的聖靈,不要作賤自己、傷害自己。

上帝國就是不要屈從環境,要解放自己、得到自由。

上帝國就是要愛鄰居如同愛自己,要替弱勢伸張正義。

180, 聖人耶穌再世會說:要悔改,上帝國就近了。

耶穌不會說:上帝國近了,要悔改!

上帝國不會自己從天上掉下來!

有悔改,才會有上帝國。上帝國不在天上,是在自己身上。

上帝國是從個人小生命的悔改做起,在族群大生命的國度實現。

所以,耶穌依序這樣說:「我是道路、真理、生命。」

宗教教人順服,信仰教人悔改與覺醒。

181, 小生命的意識是個人的、主觀的與內在的。個人小生命會意識到我是誰?我從哪

裡來？我要往哪裡去？個人小生命的意義是追求對生命包袱與限制的解放。

族群大生命的意義是生命共同體的、是群體的、客觀的與外部環境的。族群大生命的群體有不同的尺度，從家庭、家族、社會、國家、民族到全人類。族群大生命的意義是尋求群體生存發展的秩序與公義。

182,

個人小生命意識與族群大生命意識的對話是理性的，也是靈性的（超越理性的）。理性是以科學與哲學做基礎的，靈性是超越科學與哲學的神學價值選擇。信仰是聖靈與聖神對話的載具；宗教只是對話的儀式。

神學加值的選擇，在個人小生命是個人安全感與幸福感的自由；在族群大生命是族群安全感與幸福感的公義。

183,

宗教與信仰的傳遞是經由族群大生命的管道，就是家庭教育、社會教育、國家教育。

個人小生命經由學習建立自己的宗教觀與信仰價值。當小生命的宗教觀與信仰價值和當世累積的宗教觀與信仰價值產生

矛盾時，小生命的掙扎與奮鬥是一個痛苦的衝突過程，往往付出小生命的代價。不過，這個「道成肉身」追求信仰價值自由的「因信稱義」行動，也會突破既有框架的限制與壓迫，讓大生命公義的落實更加完善與堅定穩固。

184, 從西方宗教改革的歷史來看，宗教改革是一條永無止境的道路。隱含的意義就是末世不會來臨，基督不曾升天而是住在人間。宗教改革代表族群大生命的信仰價值隨著大生命環境的變化，產生必要的因應而與時俱進。

缺乏改革精神的宗教是死的宗教，信仰變成一灘死水。

185, 聖神是仁慈的上帝，是慈愛的上帝，但不會是末世會來審判的上帝。快樂與苦難是生命過程中的孿生子，就像人性中的魔性伴隨著神性一樣。

苦難不是聖神對大、小生命造業發怒的懲罰。苦難的存在，一部份是環境隨機因素必然的結果。聖神不會偏愛，這個苦難也不會是聖神的偏惡造成的。苦難是個人小生命追求自由解放的試煉場域，是一個「救贖」的過程，是族群大生命聖神期許個人小生命聖靈建立信仰的典範。

186, 苦難的另一個面向，是族群大生命魔性膨脹作惡，產生對小生命的壓迫造成的，聖靈受苦，聖神流淚。

要超越苦難，聖靈必須與聖神對話，反思自己，可以做什麼？該做什麼？願意做什麼？聖神為聖靈帶來對自由與公義的盼望。

187, 聖神的旨意在於個人小生命從各種束縛中得到解放與自由，在於族群大生命維持存續的秩序與公義。

宗教透過教義的教條化，簡約教導教徒，是學習信仰堅定的場域與管道，要求信仰知與行實踐的一致。這個一致性的公義要求，隱藏著和解放自由的潛在衝突。

當宗教對族群大生命公義一致性的要求與個人小生命生活社會環境的變遷產生矛盾時，宗教的教義就會受到挑戰。這個挑戰，就會帶動神學的重新思考與互動，一直到找到打開癥結或瓶頸的答案為止。

活的宗教，神學思想的改革都是持續不斷的，而且是前後連續的。

188. 個人小生命的意義在自由，族群大生命的意義在於公義。

小生命的自由在於努力超越個人身、心、靈的束縛與限制，得到解放。

大生命的公義在於群體生活秩序在各個層面上如政治、宗教、社會、經濟、文化等運作體制的選擇。具體來說，就是在集權獨裁與分權自由之間的選擇。

189. 生命的長河，不論是小生命的掙扎或大生命的摸索，都充滿成長的痛苦，但是對生命未來的盼望與超越苦難帶來自由與公義的成就感，正是聖神國度降臨地面的幸福感超越了對個人小生命死亡的恐懼。這是對信仰的修煉，也是對宗教的修煉。

190. 大生命的聖神為什麼總是仁慈、慈愛的？因為族群大生命的性命中也存在神性與魔性，像個人小生命的人性中一樣存有神性與魔性。

魔性是發怒的、審判的、報復的、懲罰的、破壞的、短暫的；神性是仁慈的、慈愛的、公義的、耐心的、修復的、包

容的、持久的。聖神的能量永遠掌握神性超越魔性，是族群大生命可以倚靠信賴、至高無上的唯一真神，是在魔性產生破壞之後收拾殘局的神醫聖手。

191, 當個人小生命的神性失去警覺、魔性取得優勢時,族群大生命的魔性就會發威,造成百姓遭殃、生靈塗炭。這是族群大生命的咎由自取,不可怨天怨地。

聖神對抗魔性作惡的拯救,就是呼召個人小生命神性的聖靈從睡夢中甦醒,與族群大生命的神性對話、降下彌賽亞降伏魔性、安慰受到傷害的小生命,讓個人的小生命恢復信心、族群大生命站穩腳步重新出發。

192, 基督的英文是Christ,是拯救者的意思。基督教稱耶穌基督Jesus Christ,意思是耶穌是拯救者,是上帝的化身,道成肉身,住在人間。

Christianity可以翻譯成基督性或聖神性,是守護與拯救受苦受難者的神性。西方近代的神學家都認為這個基督性或聖神性並非基督教獨有,幾乎所有的宗教的源頭都有一位為苦難者守護與拯救的大能者,雖然各自對這位大能者有不同的描述與尊稱。

193, 不同族群的宗教都有一位或數位充滿基督性或聖神性的「道成肉身、住在人間」的聖

者，奠立各個宗教的基礎。早期宗教的傳播強調各自宗教的獨特性與單一性，彼此的隔離與排斥，反而產生彼此之間的緊張，而不是帶來教徒的安心。

現代科技的進步造成距離的緊縮，各個宗教的互動增多、隔閡降低，認識聖神的管道多元多樣，是謂與時俱進。

聖神是苦難者投訴的傾聽者與安慰者。凡勞苦受難者盡心盡意相信倚靠她，必得安心。

194, 什麼是信仰？什麼是宗教？

信仰是對一個信念與文明價值的認同與堅持，願意用犧牲自己生命來實踐與捍衛的素質修養。

宗教是一個信念與價值的認同與期待，教導信徒遇到困難與誘惑不可以隨時隨地將信念與價值拋棄不顧，做出遷就現實利益的行為。

個人小生命需要信仰，以超越死亡的恐懼與生活的苦難，解放身、心、靈的束縛而得到自由。族群大生命需要信仰，協調小生命解放的自由，以建立社會公義得到平衡進步、國家

興盛。

生命需要的是信仰,失去信仰的宗教不再是宗教。

195, 身、心、靈三者,在小生命就是身體、心識、聖靈;在大生命就是環境、文化、聖神。

族群大生命的環境包括物質環境與社會環境。

在人,萬事不能;在神,凡事都能。在個人小生命,個人單打獨鬥的努力,仍然無法克服困難,超越苦難。在族群大生命,眾人團結一心集思廣益、集結力量,就會突破盲點、打破難關、走出困境。神者,聖神也。聖神者,眾人聖靈之集結顯現者也。

196, 基督教新約聖經記載許多聖人耶穌醫治病人的神蹟故事。這些醫治的故事是關於個人小生命的故事,但卻是攸關族群大生命的存續關鍵。

個人小生命因為身與心的各種殘缺不全而蒙受苦難煎熬,甚至受到群體大生命的排斥與拋棄,因而導致在靈性上產生聖

靈與聖神的破裂關係，失去了對聖神的完全信任，這樣的「靈病（心病）」幾乎無藥可醫。

耶穌以「愛你的鄰居如同愛你自己」的實踐行動傳播聖神福音，形同「聖子」降世。他神奇的醫治力量重新喚醒苦難者內心聖靈的盼望，及修補與聖神之間破裂關係而提升到完全的信任與順服。醫治不在於個人小生命之身與心的殘缺不全或病痛消失，而在於聖靈與聖神的合一和好圓滿，讓個人小生命得到族群大生命的扶持、包容與接納而得到自由解放安心，族群大生命的公義因之得以彰顯，如日月之不息。

197,

聖經名言：在人，萬事不能；在神，無所不能。俗語說：萬眾一心，齊力（其利）斷金。

以個人小生命一個人的能量，許多事情是單獨做不到的。在族群大生命眾人聖靈齊聚之下，同心協力，不可能的事情都會變成可能，渡過難關。世人常常籠統稱之爲「神蹟」。

眞誠信仰的族群行動力量就會產生「神蹟」。

有人問，聖神住在哪裡？聖神就住在族群的大生命裡。

198, 道德，對於個人的小生命是一種自由的選擇。屈服魔性，道德淪喪墮落。

對於族群的大生命是履行公義的責任與義務。屈服魔性，不公不義，反噬自由。

199, 歐洲各國的啓蒙運動啓動了人類文明的進步。觀察歐洲各國啓蒙運動的知識結構背景，幾乎都是以神學訓練背景的社會上層知識份子帶動的，運用哲學的推理能力，在科學上產生了突飛猛進的結果。可以說，神學是人類文明進步之母或是大腦，而哲學與科學是左右雙手與雙腳。

神學的深化與創新是台灣啓蒙運動的基石。缺乏神學的紮根與護持，哲學與科學縱使進步也會容易迷失方向，社會文化基礎陷入空洞。

200, 聖神有如空氣，又如陽光，也如水。

人沐浴浸沒在聖神之中，就如同沐浴浸沒在大氣之中而不自知。

人每日生活蒙受聖神能量之助，有如生活在陽光提供能量之下，不論陰晴風雲，而不自知。

人每日生活必須補充靈糧，有如每日必須補充水分，而不自知。

人不知聖神之存在，無損聖神之自在、既在、原在。

201,

許多宗教都有「末世」的論述，用意在勸人入教。一般的「末世」的論述都是強調「世界末日」的來臨，自然產生面對死亡的恐懼，而求助於宗教信仰中聖神的保護。

馬太24:3也提到「末世（the end of age）」，也常常被解讀為世界末日來臨，聖神將會審判，讓人心生恐懼而有尋求聖神保護的動機。也是讓人受到恐懼心理的宰制而無法自我解放。

從另一個角度來看，「末世」就是「當道亂世」的結束，不論末世來臨之前會受到多少苦難，也無法知道何時亂世會結束，但只要堅守自由與公義的信仰，傳遍社會，見證信仰，「末世」必然到來，亂世必然結束。這反而是對「自由與公義」族群大生命盼望的信心，勝過對死亡的恐懼。

202,

信仰與宗教的另一個不同的面向，就是信仰是個人小生命的，宗教是屬於群體大生命的。

一個宗教傳講教導的內容無所差別，但信徒的信仰也因修持用功、理解體會不同而參差不齊，不會完全一致。俗話說，師父領進門，修行在個人。

小生命信仰在個人的實踐，是大生命族群對宗教的彰顯。

宗教透過小生命信仰的實踐以維護族群大生命的存續。

203.

「末世」的字面意涵有三個層次：小生命的結束、族群大生命時代的結束及地球的滅亡。

個人小生命的末世是可以預見的，是必然而無法抗拒的。是想抵抗而無法抵抗的。

地球的完全毀滅是未知而無法預見的，也是無法抗拒的。是恐懼發生但無力抵抗的。

地球亡，則個人小生命亦亡，都是對死亡產生恐懼而不安。

族群大生命苦難的結束是被期盼的，是可以抗拒的。是因個人小生命自願選擇死亡，以促使亂世結束而對族群大生命產生盼望。但世人因無法超越小生命的死亡恐懼而陷入空空等待。

204,

族群大生命的聖神道成於個人小生命的肉身,住在人間。天堂的聖神不食人間煙火,與我何干?

聖神諭知:皈依佛(聖神、聖靈、真如)、皈依法(經典)、皈依僧(經師)。

僧易獨尊,
法主平等,
佛囑解放。

僧要以跳下懸崖試探信眾,
法說,不宜;
佛說,不可。

魔鬼三次誘惑耶穌,耶穌皆不為所動。世俗僧人(牧師、神父)能嗎?

205,

聖經記載,聖神不喜納獻禮祭物、不喜悅聽吟唱歌頌,言不由衷。聖神唯獨喜悅世人樸素誠實、不偏離正道。

社會宗教活動興旺,如神學信仰薄弱,則易偏離聖神旨意的

自由與公義。

宗教活動為信眾求心安，但偏離信仰，則個人小生命無法解脫生活苦難而得到自由；大生命群體失去社會公義而弱肉強食。宗教活動的興奮麻醉之後，人心仍然茫然不安，社會仍難平安。

206, 文藝復興運動是文化運動的形式之一。文化運動之下，有社會運動。社會運動之下有政治運動。宗教改革運動是文化運動的基礎。

文藝復興運動的內涵是透過文藝作品呈現文化運動的社會訴求，累積社會運動的能量。社會運動則是累積草根公民力量形成政治運動，改造不公不義的政治體制。

文藝復興（renaissance）運動若缺乏宗教改革帶來信仰的與時俱進，則個人小生命無法從苦難的生活中獲得支撐的力量而重生（rebirth），義人聞聲捨己救苦救難、作光作鹽的典範無法在族群大生命中復活（resurrection）。

207, 科學,是以神學為基礎,探索聖神受造物的秘密,經過哲學推理建立起來的學問。當宗教掌握權力背叛神學的時候就會做出「不智且輕率」的壓迫。

政治,是以神學為基礎,探索人類群體生活維持紀律規則,經過哲學推理建立起來的社會運作規範。當政治掌握權力而背叛神學的時候,就會做出不智而粗暴的壓迫。

208, 佛教台灣僧人林秋梧寫了這首詩,所傳達的靈感、思想與基督教的耶穌相同。

林秋梧:

菩提一念證三千

省識時潮最上禪

體解如來無畏法

願為弱小鬥強權

基督教耶穌的禱告詞：（路加4:18）

  主的靈臨到我，因為他揀選了我，

  叫我傳福音給貧窮的人，

  差遣我來宣告，

  被擄的人得到自由，

  瞎眼的人得見光明，

  受壓迫的人獲得解放。

他們都見過上帝（如來、聖神）的真面貌！

209, 信，是理念的接受，建立正確的信仰。

望，是對理想的盼望，儲存生活的力量。

愛，是對信仰的行動，實踐生命的意義。

信，是正信，不迷不妄。

望，是盼望，無私無我。

愛，是行動，無畏無懼。

210, 聖神只有一個，所以是唯一真神。

各地人們因居住環境、社會生活方式不同，與聖神接觸的經驗與方式各有不同，尊稱聖神的名稱也因語言文字不同而有不同的稱號，形成不同的宗教，連帶敬拜的儀式與教導的方式、內容，也因宗教領袖的能力不同而各異其趣。

無論如何，聖神唯一是真，不是任何宗教的專利。有些宗教將聖神差派的天使、天兵天將以神明尊敬之，是對聖神無所不在、無所不能的延伸。形式上是多神，其實是聖神的分身與不同的面貌。

211, 進香是人們敬天、謝地、祈福、普渡的原始宗教行為之一。

敬天,敬畏創造萬民萬物的聖神,這是宗教信仰的原點;

謝地,感恩平安渡過生活苦難,這是救贖的初衷;

祈福,盼望未來生活更好,這是救贖的延續;

普渡,福澤廣被,慈愛同享,這是愛鄰如己的體現。

媽祖是台灣人與唯一至高聖神溝通的重要管道之一(或本尊,因為沒有人看過本尊)。

聖神的旨意在於:護持個人小生命生活束縛得到解放的自由與族群大生命社會運作秩序的公義。

聖神的旨意未彰顯,是信徒與宗教領袖對聖神的背叛,不是聖神對信眾的遺棄。人們跟著背叛聖神的宗教領袖行事,就失去了信仰而變成迷信。信眾必須保持警醒,與聖神直接禱告對話,免除陷入試探與誘惑。

悔改、重生,聖神永遠慈悲接納拯救迷途知返的羔羊。

212, 聖經中「創世紀」記載，上帝按照自己的形象創造了男人與女人。男人在先，女人在後。可見，上帝的思維裡面有兩個形象，是不相同的，也沒有定於一尊，都有各自存在的需要與價值。但又要互相扶持包容。

在先的一定比在後的重要嗎？應該不是。按照耶穌的說法：那在先的要在後，在後的要在先。

從比較男人與女人的生理結構，男人有的，女人都有，女人特有的子宮，男人卻沒有。顯然，上帝第二波的產品比第一波的產品功能更加齊全。

213, 人類的知識累積，從神學開始，經過哲學推理的思考，才發展到有科學的結果。

上帝創造宇宙的奧妙，經過上帝恩賜人類的邏輯哲學能力，揭露了一些科學的規則。三者是連貫的，不應該是矛盾衝突的。

科學的結果應該促成人類對神學思想的與時俱進，而不是神學的傳統約束科學的創新與突破。因為從上帝的角度來看，科學研究的突破並不是突破，只是發現以前人類尚不明白的

上帝奧秘而已。

神學應該歡迎科學的進步，越發認識上帝的真面貌。教育應該培養人們認識神學的本質與邏輯推理的能力，發現上帝隱藏的奧秘，並鍛鍊與上帝對話的智慧。

214,

個人小生命的幸福關鍵是自由，自由的關鍵是勇敢，克服原罪的軟弱與嫉妒。勇敢的關鍵是，在個人生活苦難的壓力下，選擇拒絕降伏於死亡的試探或誘惑。耶穌也曾經拒絕撒旦試探從殿頂跳下來的誘惑。

族群大生命的幸福關鍵是公義，公義的關鍵是勇敢。勇敢的關鍵是，在面對死亡的威脅下，選擇與死亡直球對決反抗，以謀求解決族群大生命生活的苦難。耶穌也曾經正面回應聖神的呼召，為弱勢者發聲。

215,

身體健康是個人小生命自由飛翔的機器，希望是小生命前進的加油器，信仰是前進的導航器。

生態環境健康是群體大生命公義存續的機器，盼望是大生命

加油的機器，信仰是前進的導航器。

自由與公義是生命導航器設定前進的目標。路徑也許不同，方向一致。

愛是個人小生命與族群大生命的連結器。愛，有如族群大生命對個人小生命的久旱甘霖；愛，有如個人小生命對族群大生命的熱血捐輸。

216,

人們因為找不到、看不到聖神而不相信聖神的存在。其實人們不知道聖神創造人們的奧秘，就是將聖神的分身藏在每個人的心底內，等待著每個小生命的自我發掘與操練。那個操練的工具就是隨身攜帶的原罪，就是基督教所說的「sin」，就是佛家所說的「業障」。

人們共同的聲音就是聖神的聲音。聖神的聲音是唯一的，所以必然是從不同的人們中所呈現的共同聲音。

217.

大多數的人不知道什麼是上帝？才會認為許多事情與上帝無關。(上帝一詞，這裡借用基督教的尊稱)

基督教的神學家有一個理性的觀點：人民的聲音就是上帝的聲音。這也呼應基督教神學的另一個觀點：道成肉身、住在人間。上帝與人們同在。

佛家也說：佛住在心中，不在天外天。佛家講的佛，與基督教講的上帝類似。相不相等，就不知道了。

218.

個人小生命的一生充滿苦難、憂愁、勞煩，快樂、幸福似乎都是短暫的。

苦難的來源是原罪（sins）造成的嗎？是前世業障的果報嗎？

苦難是聖神對小生命的懲罰嗎？

苦難是來無影去無蹤的神秘訪客嗎？

苦難是個人小生命的承擔。苦難的來源層次分為小生命、大生命、大環境。大環境的變動是聖神創造宇宙已知或未知的

運作機制（如颱風、地震、洪水、旱災等），大環境變動造成的苦難，不是聖神對個人小生命的試探或懲罰；

大生命造成的苦難是族群大生命世代之間因果關係的連結，不是個人與祖先之間小生命的因果關係；

小生命自己的苦難是小生命個人的因果關係。

小生命，對自己種的因，自己承受其果；對大生命種的因，後世的大生命與小生命皆受其果；對大環境種的因，後世的大環境、大生命與小生命皆受其果。

219,

苦難是痛苦與災難的集合稱呼。災難來自小生命的外部，痛苦是小生命的內部感受。

痛苦可以分成三個層次：身痛、心痛、靈痛，也是失身、失心、失靈的痛苦。

身體失去健康，肢體的痛苦，是失身；視而不見，違反本性，神魔交戰，軟弱無力，是失心；失去信仰，醉生夢死，渾渾噩噩，是失靈。

220, 什麼是「罪(sin)」？罪(魔性)有三種主要的形式：軟弱、驕傲與嫉妒。

軟弱是當爲而瞻前顧後、猶疑不決而不爲；驕傲是不該爲而沾沾自喜、自以爲是而爲之；嫉妒是怨恨他人比自己更好。

從這個角度來看，每一個人都是「罪人」，帶著原罪與魔性來到世間。「神性」是人性中能夠關照「罪」的本性。義人是神性可以約束「罪性」的帶罪之人，不是無罪之人，是神性超越罪性的人。

神性就是聖靈的狀態。聖靈需要操練，神性需要培育。

221, 人爲什麼要活著？

人對自然環境的敬畏，產生神學；

人對神學的質疑，產生哲學；

人對哲學的探究，產生科學。

人對科學的反思，精進哲學；

人對哲學的反思，精進神學；

人對神學的反思，精進生命。

人都由出生走向死亡，毫無選擇。

有的人活著，卻是死了。

有的人死了，卻又活著。

人如果不再畏懼死亡，個人小生命就得到了自由。

人如果爲他人爭取自由，族群大生命的社會就得到了公義。

222,

「天堂」與「地獄」是宗教引導信徒追求信仰的輔助教具。對一隻驢子來說，前者是胡蘿蔔，後者是皮鞭條。前者藉著引誘，後者藉著恐懼。但是天堂與地獄不是信仰本身的核心。

有生命才會有信仰。小生命有小生命個人追求的信仰，大生命有族群追求的信仰。世人時常迷惑於教具的形形色色，找不到信仰的窄門。因爲天堂與地獄的教具引導的路是大的，門是寬的。

小生命的信仰是自由，不是藉由誘惑捕獲的，也不會受到恐懼的綁架。大生命的信仰是公義的，只有自由與愛才能支撐公義。

223,

聖神並不住在人們為他起造的聖殿或會堂裡。

人們起造神殿或會堂的初衷，是因為人們為了紀念聖神曾經提供智慧與勇氣，引導他們渡過難關的體驗。

聖殿或會堂是人們遇到困難時，帶著迷失的心靈，進入沈靜肅穆敬虔的準備，期待重新與聖神對話的場所。這是活化昏暗性靈的場域，不在於堂皇宏偉，而在於祈求者的認罪悔改。也在於場域凝聚呈現的生命共同體神聖氛圍。

人們在祈求聖神之前，要先喚醒個人小生命聖靈的甦醒。不在於祭物與獻禮的貴重與否。身到，心要到。心到，靈要醒。靈醒，神必應。

224.

人們對未知的事物，自然心生畏懼。

人們對現實生活的貧窮、壓迫、死亡也充滿恐懼不安。

人們也因病痛、戰爭會帶來痛苦，也產生恐懼逃避。

唯有死亡對每個人是公平對待的。所有的人都會死亡，雖然方式都不一樣，但都無力抵抗。

耶穌說：那會殺死身體的，不用怕他；唯獨會殺死靈魂的，才要怕他。

貧窮、壓迫、病痛、戰爭，都可能會殺死身體，不用怕他；活著，卻不知道生命的意義，性靈已死，就要怕他。

225.

活人出生在世，都帶著靈性，簡稱為「靈」，是活人的體會；死後稱之「魂」，是活人的想像。死人不知道自己的「魂」，活人想像死人「魂」的形象甚至對話。死人在活人的想像中復活。

性靈若是甦醒有感，能夠省察個人小生命的處境，與族群大生命的聖神對話，則是「聖靈」充滿臨在。性靈若是昏沈，

則陷入醉生夢死；若是驚慌恐懼，則易衝撞莽動，傷害自己或他人。

226, 上天之德在於生，生則求存，存則受教，教而生信，信而能行。

上天之道在於行，人溺己溺，愛己及人，聞聲救苦，作光作鹽。

信而未能行，則失德；行而不正，則離道。

信而能行，則因信稱義；行而守正，則道成肉身，住在人間。

聖神（上帝）之國，是族群大生命持德守道追求之國，也是個人小生命安心立命死後安息之國。大生命聖神之國不存，小生命聖靈之國就死無安息之所。

227, 聖神不會說話，引導人們渡過難關；聖神也不書寫文字，引導人們走過苦難。

人們傳述聖神引導人們渡過難關的智慧；人們記載聖神引導

人們走過苦難的勇氣。

人們需要謙卑，敬天畏地，才能心靈沈澱、聖靈甦醒而理性思考體會聖神留給人們的智慧與勇氣，超越身體感性的直覺。

聖神的存在，是人類文明發展累積的共同經驗，即使描述的形象各有不同。

228.

宗教與信仰是一體的兩面。先有信仰，信仰的面向與程度因人而異。有類似信仰之眾人聚集而產生宗教。宗教之形成，一方面傳播他們的信仰，另一方面，篩選過濾他們的信仰。

過度的篩選與管制，宗教也會變質成為追求信仰者束縛的體制，壓迫信仰的探索與發展。

信仰的本質是心靈自由的喜悅及與時俱進的成長。維持現狀的宗教是信仰自由與成長的致命傷，必然會落後社會的動態發展，造成生命自由與公義的阻礙。

229. 為什麼耶穌告訴門徒,他自己在被釘死十字架後第三天會復活?

耶穌的門徒在受掠受審判時,門徒們驚慌逃散、不認耶穌。

耶穌被釘死十字架後第一天,門徒們的心情是懊惱、悔恨自己的軟弱;

第二天,門徒們冷靜回想「彼此相愛的誡命」,耶穌的形體活命已經不復存在,只留下耶穌教導的一切。要如何補救自己的軟弱造成的缺憾?(那會傷害身體的,不要怕他。耶穌用生命實踐這個逃避死亡的信仰。逾越節是猶太人紀念塗羊血在門楣以逃避家內小孩被屠殺死亡的節日。)

第三天,門徒們找出唯一的一條活路,就是讓自己超越對死亡的恐懼而變成耶穌的分身,讓耶穌的形象復活。門徒們恢復了元氣,找到了自己,也找回了耶穌。耶穌就從此復活了。耶穌是有大智慧的心理學家,生前就對時間計算得多麼準確!

230. 獻祭是敬天、畏地、追思的一種儀式。聖神的悅納不在於祭品的豐盛、場所的華麗、詩歌的優美,而在獻祭者心靈的敬虔與謙卑。

清明節是透過追思讓祖先復活的日子,就是傳講祖先故事讓祖先在子孫心靈上復活的日子。

沒有家族祖先個人小生命故事可以傳講,就讓祖先在聖神裡安息。獻祭者得以安心。

民族掃墓節如果缺乏民族大生命傳述的故事,就只剩下活動而沒有追思,族群大生命不會有興旺的活力。

231, 聖神難以形容，難以想像，難以捉摸，因為每個人認識到聖神的模樣，在不同處境下各有不同。何況有人沒有這種感受，自然不知道聖神的存在。

有極少數的人對聖神的存在與樣貌有特別的認識，特別有感應，聖靈充滿生命，世人卻把他們當作聖神的化身，取代了聖神，忘記了自己身上就有認識聖神的管道與能力。

世人為了紀念對聖神短暫的交會與感恩救贖，雕刻神像、製作神器、保存神物，這是方便門，提醒世人不要忘記。但聖神不住在神像的廟堂裏，也不住在神像裡面。聖靈就住在自己的內心裡面。

聖靈甦醒了，聖神就被找到了。

232,

聖神喜歡人們歡樂。當人們歡樂的時候，不知聖神在哪裡，就會找親朋好友分享，一起同樂。

聖神承擔人們的苦難。當人們苦難的時候，親朋好友無法分擔，聖神與人們同擔。

聖神紀念人們的感恩。當人們感恩的時候，就會找親朋好友感恩，因為他們是聖神派來的使者。

聖神帶給人們盼望。當人們想像未來的時候，親朋好友一樣感到茫然，聖神就是人們的燈光。

聖神醫治人們的憂傷。當人們感到憂傷的時候，找不到親朋好友可以分攤，聖神就在人們的身傍。

233, 耶穌復活節的意義:

人們應當慶祝耶穌教誨,

來自聖神的智慧與勇氣,

已經在人們自己的生命中復活!

不然,人們在慶祝什麼?

不然,人們在盼望什麼?

耶穌的形體死了,

人們應當紀念耶穌的死亡,

讓人們認罪悔改而得到救贖!

人們應當慶祝耶穌的復活,

在人們自己微小的生命中!

耶穌復活的意義不在於升天,

而在於道成肉身，住在人間，

住在人們的生命中！

234, 今日活在世界上的人們都是幸福的，不分國家、種族、性別、意識形態。

那些帶給人們幸福的人很多都死了，

還有一小撮人扛著他們自己的十字架前進！

他們只是在追求他們自己的幸福，但也不會在意別人可以得到幸福！

他們的形容憔悴、身體乾涸，

人們看不起他們，忽視他們！

唯獨行公義，心存憐憫，

謙卑，與聖神同行！

235, 形體的生命來自基因的組合；靈性的生命來自信仰的復活。

形體被釘死在十字架上的受難，耶穌以不畏懼死亡的恐懼而戰勝死亡；耶穌戰勝死亡與恐懼，耶穌的形象與舉止行為在信徒身上復活，耶穌的生命就得到了永世。

復活是信仰超越形體基因的傳承。

信仰得到復活的生命而得到重生。

傳播信仰而讓信仰在信徒身上復活的義人得永世。

236, 如果宗教不能為教徒帶來個人小生命身、心、靈的自由與解放的喜悅，而是對地獄與懲罰的恐懼、或是對天堂與錢財的貪婪，這個宗教就沒有走在正道上了。

如果個人小生命的自由與解放，不能為族群大生命帶來自由與公義的秩序與保障，這個族群大生命就沒有走在正道上了。

人們為了紀念神、佛或為提醒自己遵循正道而製作偶像。但

神或佛不住在那裡。神佛的聖靈分身住在每個小生命的心裡。

人們常因瞭解人造的偶像並非神佛、而誤導否定神佛本尊的存在。人們只因一時身強體健、能言善辯，就自認超越一切神佛，這是聖靈沈睡未醒、智慧尚未全開。

237,

世人未曾見過神的真面貌，但世人生活在神的愛（love）之中。可以說，愛，就是神的化身。不同形式的愛，就是神的不同面貌。

權力（power）是愛的能量與能力，愛自己、愛他人。權力有個人小生命的與集體族群大生命的。愛的能量或能力不足，則需要培育權能（empowerment）。這需要信仰的追求。

愛的能量過度，權力過大，這是魔神讓自己膨脹自大，或是造成壓迫控制他人。

平衡的愛，是聖神的愛，帶給個人小生命生活自由的幸福感；帶給族群大生命生活自由的正義運作秩序與安全感。

238,

基督教英文的「sin」，翻譯為「罪惡」或「原罪」，並不是很好，沒有正確反映「sin」完整的意涵，也產生一些沒有抓到重點的詮釋或演繹。

「sin」翻譯成「魔性」，與「god」翻譯成「神性」，可以說明「人性」自受造一開始就與生俱來的「本性」或「原性」。

Sin（魔性）有三個面向，一是應有所作為而不作為的軟弱無力（powerlessness）；另一是不應有所作為卻自以為是而作為的驕傲（arrogance）；及其三，怨恨他人比自己更好的嫉妒（jealousy）。

人性中的魔性不是前世或祖先業障帶來的罪惡，而是與神性共生的本性之一，是反觀神性的一面鏡子。是內在的，不是外在的。認識自身魔性（sin）的存在與策動，才能夠體會修持與掌握神性的必要性與可貴性。

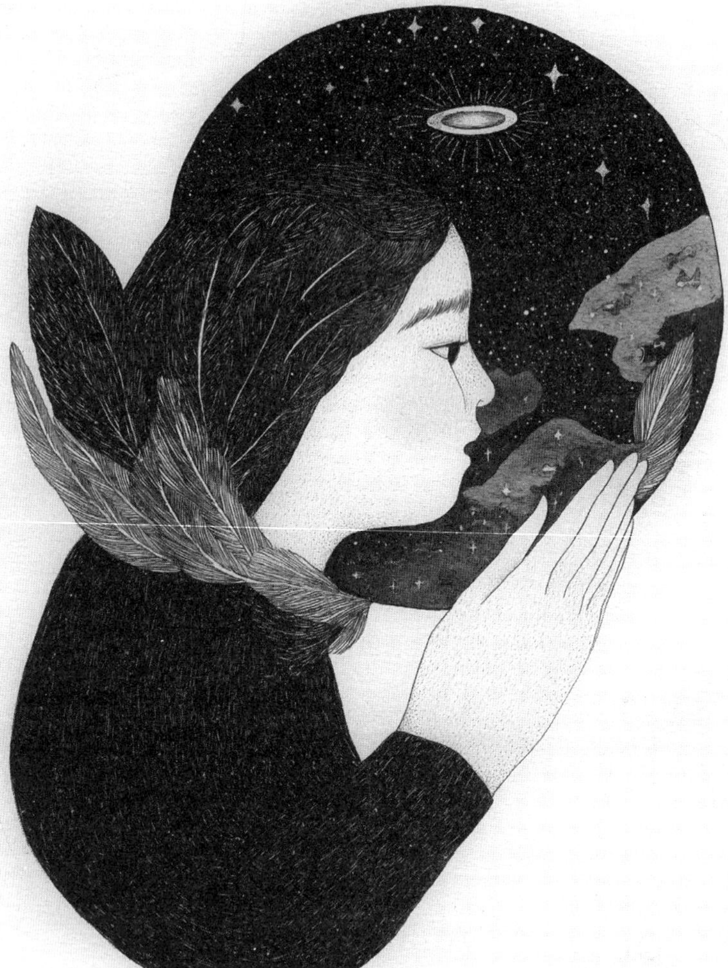

239,

人們即使有追求與實踐信仰,「罪」與「魔性」還是如影隨形與人們同在,就如同「神性」也與有信仰的人們同在一樣。這種狀態,沒有信仰的人也是一樣。

察覺自我「罪」、「魔性」、與「神性」的存在,並以「神性」接受耶穌等義人作為新存有的恩典,將「罪」與「魔性」的軟弱無力、面對誘惑躍躍欲試的衝動、及對他人嫉妒的怨恨加以克服!

察覺自我本性中的「罪」與「魔性」,是人們學習謙卑與憐憫的源頭;察覺「神性」是帶給人們與上帝同行公義的智慧與勇氣。

這種自我察覺的能力是聖靈的本能。與生活處境息息相關。聖靈未醒,則容易陷入自以為是或歸咎宿命業障。

信仰並無法去除人們與生俱來的「罪」與「魔性」,也不會讓人們的「神性」一日升天。信仰需要人們在每日的生活處境下,掙扎磨練累積。當然也不是宗教儀式可以灌頂加持救贖的。沒有實踐的信仰是死的。宗教儀式是喚醒聖靈甦醒的儀式,隨後就是信仰的操練。

240, 佛教「心經」裡面講「觀自在菩薩」。「自在」就是本來自有，與生俱來。

「菩薩」是指「靈性」。靈性有「神性」與「魔性」，或稱之為「善性」與「惡性」。「自在菩薩」就是「人的本性」。

「觀」是指「內觀」、「內省」的意思。自在的本性不是外在的，自然不會需要外觀或外求。

世人以「身的感性」出發，以「心的理性」協調，追求「靈的本性」提升。常常忽視「神性」與「善性」的存在，也常常遮掩「魔性」與「惡性」（基督教稱之為sin 原罪），欲去之而後快。自陷於有限的理性，也自外於本性的內省關照。殊不知內省「魔性」的存在，正是謙卑自己、同理寬恕他人的本源。內省神性是行公義的智慧與勇氣的原動力。

241, 俗語說：人不為己，天誅地滅。這句話的重點在於說明自私自利是人性的一部份，也就是人性中的魔性或惡性。但是耶穌也教誨世人：要愛鄰人如愛自己，也要愛仇敵。這是翻轉世人對魔性的負面偏頗成見。不會愛自己的人，要如何愛鄰居？還可以愛仇敵？也就是從自身的軟弱處，設身處地考量鄰人與仇敵的軟弱，就

更能體會他人的為難之處。

可以洞察自己的弱點,自然就會知道自己的長處。要知道鄰人或仇敵的缺點,自然也會瞭解他們的優點。在這樣的處境分析中,自然產生SWOT(strength強項、weakness弱點、opportunity機會、threat威脅)系統性的思維模式。找到維持或失去關係平衡的機會與威脅。

242,

一般用詞常將「宗教信仰」連成一個專有名詞。宗教固然有宗教信仰,但信仰的產生管道就不止於藉由宗教。可以說,宗教與信仰是兩件事。宗教不等於信仰,信仰也不限於宗教。

信仰是對某些理念或價值奉為生命的意義與生活的準則。宗教的產生與存在的背景,藉由宗教的教儀、教義的教導,讓信徒產生這樣的信仰。如果信徒沒有產生信仰,這個宗教就只剩下宗教儀式與宗教活動。

信仰著重理念及價值內化與生活的實踐。宗教常常拘泥於外在活動形式的排場與講究。

243, 沒有前生，沒有來世。一生一世，把握當下。

知善行善，知惡止惡，了卻今生，就是成佛。

佛者非凡人也。內觀參透人性者也。既知善性，亦知惡性。遇見苦難而能行善，以己之行善而能無驕謙卑；又以己之易受誘於惡性而生警惕慈悲同理赦免之心。

既知天地萬物之廣闊無垠，又知生命之無常。不為己憂，自由自在；願為公義發聲，無畏無懼，誓死如歸。

佛，不在於死後，也不在外天。真佛，道成肉身，住在人間。

244, 祈禱是人們向聖神祈求的儀式，也是與聖神對話的管道，更是擦拭自己內心聖靈的時刻。

祈禱時，時常會以「許願」表達自己的願望與期待聖神應許的恩典，以及「許願」應驗時會如何「還願」。

「許願」有如人們天生的「權利」，出於自由意志的選擇，

「還願」有如享受權利之後的「義務」。權利在先，義務在後。

「許願」的內容廣泛，因人因事因勢因時而異。但都不會超出個人小生命身、心、靈的自由解脫，及族群大生命的自由與公義的實現。

向聖神「許願」都會應許嗎？會或不會。「許願」是個人與聖神與聖靈的約定，許願後就將願望拋諸腦後、或束諸高閣、或一曝十寒，這個許願就會雲消霧散、無疾而終。頻頻禱告許願有幫助嗎？念茲在茲、朝思暮想、敬虔奉行、無怨無悔，所願長在我心，是慈悲心、是同理心、是公義心、是謙卑心、是憐憫心，是聖神安慰聖靈的心。這是信仰的心。應驗也許不在一時半刻成全，但自由與公義必與萬民萬物長存。

245. 正直（integrity）是什麼？知道自己要盡自己的本分，可以說就是「正直」。要盡自己的本分，就必須先知道自己的本分是什麼？甚至要知道自己是什麼？簡單說，就是要先認識自己是什麼？

能夠認識自己，也知道自己的本分，而且有能力盡自己的本分過日子，就會得到個人小生命身、心、靈的解放自由，更能夠在族群大生命中無從推卸自己本分，而實踐自由與公義的幸福。

要認識自己，自然就會發現聖神、聖靈（善性）、邪靈（惡性）的存在。要知道自己的本分，自然就會做出選擇，本分就是一種選擇。就是自己的十字架。

盡自己的本分，就是扛起自己的十字架。

聖神在哪裡？就在自己的本分裡！

天堂在哪裡？就在自己的本分裡！

上帝國在哪裡？就在自己的十字架裡！

246, 最新的動物行為學研究顯示，狗與人之間發展出來的順服從屬關係，是狗自己馴化的演化結果，不是人類篩選馴化的演化結果。

其意義就是，自我馴化是動物求生的一種演化模式。

以人來推論，奴隸的後代會越來越習慣當奴隸。

也就是說，奴隸會遺傳演化。

奴隸的阿祖，會生奴隸的阿爸；

奴隸的阿爸，會生奴隸的阿孫！

做一個覺醒、啓蒙而學會非暴力抗爭的奴隸，就是打斷奴性基因遺傳宿命的第一步！

學會覺醒自己，就是愛自己！

學會啓蒙「行公義、心存憐憫、謙卑，與聖神同行」，就是愛自己的鄰人！

學會非暴力抗爭，就是愛你的仇敵！

247. 人們很容易認知到，族群大生命有過去才會有現在；有現在才會有未來；有未來才會帶來希望。這是族群大生命的「三世」。前世、今世、來世。也是盼望的根源。

人們也很喜歡因此而「推論」，個人的小生命因為有現在，所以應該會有過去，也應該會有未來，也因此產生盼望，把現在的苦難歸咎於過去的業障，把現在的慾望寄託於小生命死亡之後的延續。

個人小生命的過去，就是族群大生命的前世；小生命的未來，就是大生命的來世；小生命的當下，就是大生命的今世。

永生永世的Eternal life 就是族群大生命的來世，也是個人小生命的盼望與寄託。個人小生命承擔族群大生命的前世，活在大生命的今世，影響著大生命的來世。

個人小生命只有一生一世。承擔族群大生命的前世；把握當下，珍惜今世；造福來世。

248,
聖神創造人類的時候，都有自由與獨裁的DNA，道德上也就是善性與惡性的基因，神學上也就是神性與魔性的DNA。

不是有沒有的問題！是哪些DNA在運作主導的問題！

動物行為學上稱之為「自我強化（self-enhancement）」的過程，也就是個人小生命「自我鍛鍊」的過程。

「自我強化」是一個模仿、學習、體驗的循環過程。在過程中尋找小生命有利的生存技能。世代的「自我強化」就會形成族群大生命明顯的民族性格。

249,
基督教聖經箴言26章：

4) 不要照愚昧人的愚妄語回答他，恐怕你與他一樣。
5) 要照愚昧人的愚妄語回答他，免得他自以為有智慧。

這兩節的文意似乎互相對立矛盾。其實，這兩句話文字上講的「愚昧人fool」是兩種愚昧人。一種是自卑的愚昧人，一種是自傲的愚昧人。前者可以被殖民統治未覺醒的奴隸來代表；後者可以自認為是殖民統治階層的權貴來代表。也有可

能是相同一個人但在不同的處境講愚妄的話。有時候是奴隸的心態，有時候是統治權貴的立場，就是那種「換了位置，就換了腦袋」的愚昧人。

世上不止苦人多，世上愚昧的人也很多。

殖民體制就是會產生這麼多苦人，更會產生更多愚昧的人，到處充滿以歧視他人為樂。這就是末世社會亂象的根源。自卑的奴隸也會歧視他人，自傲的權貴也會歧視他人。最令人感傷的是，整個社會陷入以歧視他人為樂、以有能力歧視他人為傲。

小生命個人互相殘殺，族群大生命將無以為繼。

250, 基督教神學家Timothy Keller說：

「宗教，叫我們誇耀自己所做的；福音，則誇耀耶穌爲我們所做的。」

經由宗教，世人聽到福音，學習建立信仰。因爲信仰，則誇耀我們追隨耶穌所做的。

宗教，是法門；經典福音，是智慧；信仰，是實踐的勇氣。

251, 眼睛看到的是影像，看到影像的人並不一定體察到影像傳達的訊息。

耳朵聽到的是聲音，聽到聲音的人不一定察覺聲音傳達的訊息。

鼻子聞到的是氣息，聞到氣息的人不一定聯想到氣息傳達的訊息。

舌頭嚐到的是味道，嚐到味道的人不一定體會味道傳達的訊息。

皮膚觸摸到的是壓力，受到壓力的人不一定感受壓力傳達的訊息。

隱藏的訊息，必須用心靈去看、去聽、去聞、去嚐、去受，才會顯露。

252,

「靈魂」在漢字是一個詞，但包含兩件事情，就是「生靈」與「鬼魂」。人，生時，有靈；人死後轉為鬼，靈轉為魂。

人死後，生命即結束，身體即解體腐化不復存在，心識失去運作，性靈亦無所依靠。

活人死了，既無法轉化為有形的死鬼，生靈要如何轉化為鬼魂？

聖靈與英魂也是常見的語詞。生靈有「聖靈」與「邪靈」，也就是善性與惡性。義人死後，雖身體已死，但其義行仁風在世人腦海中浮現，有如復活未死，是謂英魂永在。

$253,$ 公義（justice）是針對族群大生命來說的。大生命的公義才有「公平（fairness）」與「正義（righteousness）」的涵義。

「公平」是指小生命個體在大生命群體中應有相同的權利與機會，即使小生命個體的條件從一出生就各自不同。

「正義」是指小生命個體在族群大生命中的生活方式與作為，讓大生命維持生生不息、向上提升「自由」與「公義」。

「自由」對族群大生命來說，就是權利被剝奪與機會被壓制的解除。可以說，自由是公義的基礎，公義是自由的目的。

「自由」對個人小生命來說，就是病痛與苦難等侷限的超越與解除。

254, 真神只有一個，不分族群、區域、國籍等。雖然各地人們稱呼真神的名稱各有不同。因為真神是自有自在、永有永在的。

有些人把他們自造的偶像當作聖神，擁為私有私用，壟斷人們與聖神對話的機會與管道。其實，聖神並不住在偶像裡面，反而聖神把聖靈存放在人們的內心深處。

瞭解人民蒙受的苦難、探查人民對聖神哀求的聲音，這是宗教、社會與政治領袖的責任。寺廟與教堂是準備讓信眾與聖神對話的場所之一。

真神對世人的慈悲不受人種、語言、性別、年紀、地區的限制。

會有限制的就不會是真神，只是人造的偶像！

255, 在古早時代，由於區域環境、種族、語言及文化不同的隔閡，各自產生了不同的宗教，雖然敬拜聖神的初衷相同，但從本位的角度而對不同的宗教有對「異教徒」的排斥。

只有背叛聖神的信仰，才是「異教徒」。基督教聖經的記

載，猶太人及以色列人，背叛上帝的時候，社會腐敗、道德淪喪、國家滅亡，人民被擄當作奴隸。這個時候就是背叛聖神的異教狀態。

任何宗教傳播與實踐的信仰，偏離或背叛了聖神的信仰，不論時間長短或古老，就只停留在原始的「異教」狀態，對族群大生命的生存與發展貢獻有限。

256, 個人小生命一生一世的命運，不是完全的宿命（預定, pre-determined），也不是完全的自由意志（free will），而是由受造出生初期的預定狀態，經過成長、教導、學習、培育等過程累積自由意志的能力，從預定的宿命中可以達到破繭而出，並逐步精進，追求身心靈的完全自力更生（self-reliance）。

這個過程是一個漸進的過程，當自由意志開始從宿命的框架中萌芽滋長的時候，預定的宿命束縛逐漸失去作用。兩者在生命的過程中互相角力，直到生命的終點。

族群大生命的演繹，過去的歷史預定了現在的出發條件，經過學習、成長、教導、培育等對文明價值信仰的傳播，大生命的自由意志就會萌芽滋長，逐漸改變族群大生命前進的方向。

個人小生命如果缺乏自由意志，族群大生命自然就缺乏足夠的自由意志，走不出歷史宿命的框架。

257, 個人小生命由受造到出生，完全處於預定的宿命狀態，每個個體是不相同的，不是公平的。但從出生後開始，培育自由意志能力的機會，每個小生命是相同的。天賦人權就是追求自由意志的選擇權利，是人人平等的。

預定宿命的束縛力與追求自由意志的創造力形成互為消長的關係。有些人自由意志的選擇能力還沒有開始就胎死腹中，活在宿命的想像框架裡面，隨波逐流；有人是半路夭折，怨天尤人，無法突破；有的人越挫越勇，百折不饒，努力完成身心靈的全面解放。

宗教幫助個人小生命學習自由意志能力的養成與培育。信仰則是培育自由意志能力的實質內容。宗教儀式只是教導的輔導工具。世人時常將宗教與信仰兩者本末倒置，事倍功半。

258, 小生命個人尋求身心靈之自由與公義的解放，大體上與族群大生命追求自由與公義的解放是一致的，但有時候也是衝突對立的。

沒有個人追求小生命的自由與公義的動機與行動,就看不到族群大生命的生命脈動與活力。

缺乏族群大生命對自由與公義的呵護與秩序,個人小生命將失去支撐的活力。

有時候,族群大生命自由與公義的維繫是由個人小生命犧牲奉獻個人的自由與公義而建立起來。這個連結正是族群大生命聖神與個人小生命聖靈的連結。

259,

什麼是信仰?信仰就是認識真理(truth)、相信真理、實踐奉行真理。

什麼是真理?自古至今不變的事實就是真理。例如,有生就有死,這是真理;從生到死,每個生命的歷程都不一樣,雖然個人小生命出發時主要的過程似乎是預定的,但是終點卻不是宿命的,因為過程是自由選擇的。沒有人可以逃離這些真理,無論貧富貴賤。

真理無邊無際,只能被發現(discovered),不能被創造(created),也不能被發明(invented)。智者經過科學的探索、邏輯的推論,讚嘆聖神創造宇宙的奧妙。

個人小生命要認識真理並不容易，需要經過族群大生命的教導與學習。聖人耶穌說：「我是方法（道路）、真理、活命。」聖人以來自聖神的智慧，認識生命苦難的本質與解方，克服個人小生命的掙扎、犧牲自己的自由與公義，以被釘死在十字架的實踐教導世人追求認識真理的方法。

260. 不同宗教的教徒很容易自誇他們有敬虔的宗教信仰。其實許多人只是敬虔的教徒，而不見得有對真理的信仰。因為有敬虔的宗教行為，並不等於對真理信仰的貫通。對真理的信仰是跨越宗教藩籬的。

宗教是學習信仰的法門。不同的宗教代表不同學習信仰的法門。不同的法門適合不同的個人小生命需求。

信仰的建立在於認識、確立、實踐真理。真理的認識、確立與實踐，由小而大，由小生命的個人範圍擴大到大生命的群體範圍。

261. 基督教神學家理查尼布爾（Richard Niebuhr）在其「基督（宗教）與文化」關係的論述中，分成五類不同的關係：1, 基督（宗教）反文化（Christ against culture）（出世）; 2, 基督（宗教）屬於

文化（christ of culture）；3，基督（宗教）超乎文化（Christ above culture）；4，基督（宗教）與文化相反相成（christ and culture in paradox）；5，基督（宗教）為文化改造者（christ the transformer）。（蔡榮芳，2020/2，「從宗教到政治 黃彰輝牧師普世神學的實踐」，第336頁）這樣的分類，顯示宗教與文化之間似有矛盾。

若是將宗教與信仰加以明確區隔，尼布爾的分類可以重新改寫成：1，宗教對文化是出世的；2，宗教是文化的一部分；3，信仰超乎文化；4，宗教因文化而不同，因信仰而合一；5，宗教因信仰而成為文化的改造者。那就可以消除不必要的矛盾了。

宗教是世俗的（secular），道成肉身，住在人間。信仰是普世的（ecumenical），放諸四海皆準，行在地上如同行在天上。

262,

聖神是什麼模樣？沒有人見過聖神的真面貌。大多數人會說，聖神住在天堂，來無影，去無蹤。實情並非如此。

儒家說：「天聽自我民聽，天視自我民視。」天者，聖神也。民者，個人小生命或族群大生命也。

個人小生命或族群大生命所聽所看的，就是聖神所聽所看的。

基督教說：「道成肉身，住在人間。」聖神與人世間的個人小生命與族群大生命同在。個人小生命對自由與公義的信仰能夠實踐證道，聖神行在地上，就如同行在天上。

263,
苦難，使人瞭解個人小生命的短暫無常而為自己感到哀傷，衍生出世離塵以脫離輪迴業障。

苦難，使人體會宇宙的恆久生生不息而為族群大生命的延續感恩，衍生入世追求自由與公義的勇氣與智慧。

生命的存在是面對虛無的奮鬥。

生命的持續是面對死亡的奮鬥。

慈愛是面對怨恨的奮鬥。

和平是面對爭戰的奮鬥。

反抗是面對壓迫的奮鬥。

聖神就是眞理，眞理就是聖神。

信仰就是對眞理的信服與力行實踐，就是對聖神的敬虔感恩回報。

264,

探討身、心、靈的學問，各自稱之爲科學（science）、哲學（philosophy）、與神學（theology）。

科學的研究產生技術、技藝（technique）；哲學的研究累積一個人的推理智力（intelligence）；神學的研究培育一個人的聰明智慧（wisdom）。

羅素說：智慧就是對人生眞正的認識。眞正的人生包括個人小生命與族群大生命的兩個生命的面向與層次。眞正的認識包括認知、接受、力行、實踐、證道。

個人小生命與族群大生命的目的就是自由與公義。追求自由以建立公義；維護公義以保障自由。

265, 個人小生命的聖靈只存在活人心內，不在人死之後。人活，靈在；人死，靈滅。

群體大生命的聖神是小生命聖靈的集合。義人死後，聖靈復活，在後世族群的個人小生命當中，不在義人的屍骨上。

惡人的靈不會復活，因為沒有任何個人小生命願意重踏惡人的地獄生活。惡人的作惡不是模仿前例的，而是本性中的魔性失去神性的控制與約束。

神學的探討有助於人性的認識與瞭解，再生出理智的自由意志選擇，日積月累而形成生活的智慧。

266, 信仰不等於宗教，宗教也不會理所當然就是信仰。神學也不等於是宗教，宗教也不就是神學。

理想的宗教，信仰是其大腦核心，神學是其神經架構，教義教儀教規是肢體。沒有信仰的宗教只是一個空殼子。缺乏神學神經架構的宗教，肢體的運作就會出現矛盾的不協調，最後只剩下空泛的形式。

信仰是真理，神學是培育追求探索真理的科學與哲學工具，

是具體的，是理性的。神學不是憑空想像的空中樓閣，不是玄虛的。宗教是實踐信仰與檢驗真理的場域。

267,

文化，包涵政治、宗教、音樂、美術、文學、學術、生活方式等等，在整體外觀上是抽象的，在各個支撐的細項上又是具體的。

各個文化細項必然是科學具體的，必然是哲學理性的，也必然是神學靈性的。不必然有一定的順序，但必然有互相牽動的連結性。

單一細項的文藝復興（renaissance）也必然牽動其他細項的文藝復興。

文藝復興來自神學靈性的感動、哲學理性的探索、及科學技術具體的呈現，三者俱足，才能踏穩腳步前進，在文化上有所提升。

268, 佛門教導（佛光榮根譚）：

1)「要識得『因果』，才能心甘情願」；因果業報，不是不報，在個人的小生命如果未報，在族群大生命必報。

2)「要了透『緣起』，才能真相大白」；身與心的緣起在個人小生命，靈的緣起在族群大生命。小生命之真相是小真相，大生命之真相是大真相。明白真相不分大小，皆有助益。

3)「要實踐『中道』，才能安身立命」；個人小生命的道是小道，族群大生命的道是大道，中道是兼顧小生命與大生命的平衡之道。安小生命之身，立大生命之命。

4)「要證悟『般若』，才能自由自在」；有戒有定才能生智慧。般若妙智妙慧超越個人小生命「可見可聽可聞有色苦難」之無常，亦可超越族群大生命「無法見無法聽無法聞」之無色苦難。是謂自由自在。

5)「要圓滿『涅槃』，才能究竟人生」；個人小生命一生一世，沒有前生前世，只有今生今世，也沒有來生來世。領悟真理斷絕輪迴，即是進入涅槃悟道。涅槃之圓滿不必等到圓寂，圓寂自然進入涅槃，不再輪迴。

269, 世人將宗教修行區分為入世與出世,彷彿現實與虛空是平行世界。侷限在想像如何脫離個人小生命的苦難,稱之為「出世」;擴大到關切族群大生命的苦難,稱之為「入世」。

人活在世上,既無從出世,也不必再入世。一生一世,苦難無常,如影隨形,福禍相伴。個人的小生命就活在族群的大生命裡面,入世就在族群大生命的維繫裡,出世也在族群大生命的屏障下。

270, 從個人小生命的經驗來看,人生的苦難是無常,因為不知苦難何時將至,也不知何種苦難將臨。此之謂「無常」。然,肉身之病痛、心識之盲頓、心靈之迷妄,層層疊疊,有時不一而足,有時不容間隙喘息,苦不堪言,直至最後由死亡帶來結束,從無例外,豈是無常乎?苦難未至,就是恩典賜福,可曾感恩珍惜乎?

從族群大生命的角度來看,苦難是恆常,因為生存環境的變動就是生命活力前進必然的結果。地球是活的有機體,必然有火山爆發,必然有颱風與水氣循環調整全球性的氣溫平衡;也因為生存需要,社會必然恆常爭辯,何去何從方為正道?思辨帶來的苦難正是作光作鹽掙扎的考驗。

271, 個人小生命的一生就像航行在苦海上的一艘船,船身樣式與裝備各有不同。船上有兩個舵手,一個朝善,一個朝惡,各有盤算,每日爭戰,不得安寧。

善善相乘,蒸蒸日上,如同活在天堂;惡惡交疊,沈淪墮落,宛如掉入地獄。修持操練在此。

聖靈是善,邪靈是惡。利己是二靈的共識,利人就是有利族群大生命,是聖靈超越邪靈的突破點。

272, 中國諺語:「窮則獨善其身,達則兼善天下。」獨善其身是利己,兼善天下是利他。

窮,指個人小生命能力有限時;達,則指個人小生命能力具備充足時。

獨善其身,是個人小生命之身心靈的自由無礙;兼善天下,是族群大生命自由與公義的普及。

273, 個人小生命的死亡,就是一種肉體結束後的不存在。知道這樣的事實,就不會感到

害怕。

世人對自己的生命死亡感到害怕，因為他們以為死亡之後還要到另外一個沒有人知道的世界。死亡會帶來恐懼，不是因為死亡本身，而是對假想的未知世界無法掌握感到恐懼。

事先知道死亡就是個人小生命結束後的一無所有，就無從感到恐懼，也無必要感到恐懼。反之，個人小生命的意義就由死亡之前的生活所作所為來定義，定義在族群大生命留下小生命刻劃的痕跡。

274, 宗教是教導學習對真理建立信仰的管道。為了宗教教導的信仰在壓迫下、不妥協退讓而犧牲生命，是謂殉教，可稱之為殉道，為緊守信仰的真理而犧牲生命。是真理重於生命的信仰。

殉教者是為了一個死後想像的更好未來？還是讓自己的今生有一個誠實而且尊嚴的結束？還是兩者兼具？

真理之所以重於生命，乃因真理屬於族群大生命，重於個人的小生命。個人小生命有始必有終，具備真理的族群大生命則可永續生存。

275.
菩薩不是義人死後升天變成的神明，而是在世時的所作所爲被尊稱爲「菩薩」。道成肉身，住在人間。

菩薩是梵文音譯「菩提薩埵」的縮寫。菩提，佛道也，佛法教義的眞理。薩埵，有情眾生也。追求與實踐佛法之眞理的眾生皆是菩薩。

佛法之眞理，認知個人「身」之「成、住、壞、空」的人生鐵律，體認「心」之「色、受、想、行、識」的運作，修持「靈」的「自性覺」。

自性，人的本性，神性與魔性並存。自性覺，覺悟魔性的邪惡與軟弱，及神性的聖潔、剛強與勇敢。佛法在向內求「自性覺」，不在向外求天上的菩薩神明。

276.
自性覺，覺悟人自性的本質，就會追究人生存在的意義。

個人小生命的存在如夢幻泡影，成住壞空，無法逃脫。身心靈的自由與苦難，就在當下。天堂與地獄，就在當下，不在死後。

色即是空，死亡是個人小生命實體之「身」必然的結局。

空即是色，個人小生命本性之「靈」的超越。「利己利人」，化個人小生命的能量，累積成族群大生命實體存續的根基。

277,

人的安心，來自對身體安全、對生活存在自我的價值感。

自我價值感可以透過練習，建立自己聖靈與至高聖神的立約關係而逐步強化。

至高聖神的分身隨時隨地都在自己小生命的心內深處（就是聖靈、神性），不是在人死後雲端的天堂；也在族群大生命自由與公義的價值裡。

小生命的死亡讓時間產生了意義。留下小生命的生活智慧在族群大生命的痕跡，就讓死亡不受時間的束縛。

278,

人類大生命有如海洋，族群大生命有如江河。族群大生命匯入人類大生命，有如江河之匯入海洋。洋海浩瀚可納江河百川。

族群大生命之軌跡，彰顯聖神旨意的自由與公義，雖有起伏，但不回頭。日日新。

個人小生命有如江河之水滴，自天而降，似舟隨流逐波而下，至安息於海洋為止。沿流感受大生命的旨意，擺盪在做與不做的抉擇。不過，無論如何都會後悔，因為生命只有一次。但是兩者後悔的是不同的事情，因為做與不做，各自會面對不同的困難。

279, 科學是學習可以具有重現知識的能力（diligence）；

哲學是學習分辨做與不做、正反兩面比較與抉擇的智力（intelligence）；

神學是學習堅持抉擇之後的信仰、不再後悔的智慧（wisdom）。

科學是實體的（physical）；哲學是心識的（mindful）；神學是心靈的（spiritual）。

280, 什麼是信仰（faith）？信仰就是願意為了一個理念（belief）而選擇付出生命的行為。

什麼是愛情（love）？愛情就是願意為了一個人（person）而選擇付出生命的行為。

信仰不等於宗教。能夠產生信仰的宗教是有力量的宗教。

愛情不等於婚姻，也不一定有性的關係（sex），不分性別（gender）、年紀。能夠產生愛情的婚姻、家庭是堅固的婚姻與家庭。

心靈的選擇，決定信仰的走向，是善性，或是惡性。

有愛情而產生婚姻是幸福的愛情。

信仰如同愛情一樣，教人以身相許。

281, 要如何讓自己增加自信心？

相信自己有一個至高的聖神，既然讓妳/你來到世間，就不論如何困頓坎坷，絕對不會離棄妳/你。

失望無力厭倦的時候，休息一下，問問自己的聖神，下一步要如何努力走下去？仔細聽她的回應。她就在妳/你的身邊看著妳/你，一起同受苦難。

我的經驗，她總是先說不用害怕，不要驚慌。要勇敢，要堅強。其他再慢慢對話商量。

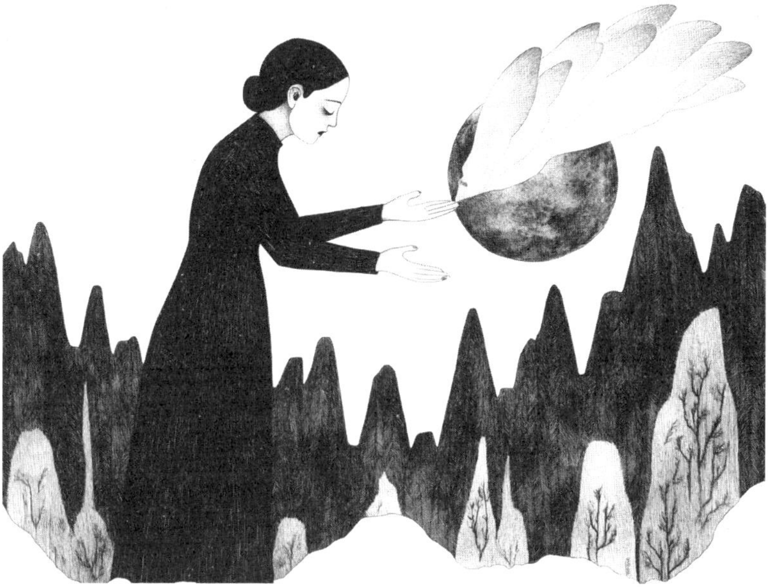

282. 「真善美」如何對應「身心靈」？

具體存在,即為「真」;不存在,即為「空」;虛擬,就是半真半空。

心識智力能分辨善與惡、對與錯、是與非,即為「善」。

靈性智慧選擇親善避惡、近神除魔,即為「美」。

靈,為身與心之首。沒有靈性的身體與心識是死的,活著也只是行屍走肉而已。

信、行、義。行,為因信稱義的樞紐。沒有作為的信仰是死的,如何稱義?

283. 人性中有神性與魔性,也就是善性與惡性。神性來自聖靈,魔性來自邪靈。聖靈是上帝聖神吹氣賜給每個人的形象與靈氣。

在西方基督教傳播到台灣之前,台灣原住民的「祖靈」信仰,就是「祖先的上帝」的信仰,就像猶太人在聖經裡面常常提醒子孫所說的「你們祖先的上帝」一樣。

在基督教傳播上帝的福音到台灣原住民的部落之前，上帝早就與台灣原住民同在。不過，猶太人與上帝的對話有很好、很詳細（但不是人類所有與上帝對話與交往的全部）的文字整理系統，在經驗與智慧傳承上不容易因人而異。

284,

聖人耶穌教導基督徒：「活路(the way)、眞理(truth)、生命(life)。」找不到出路、找不到正確的方法，就不會完全正確理解眞理，也不會知道生命的意義。這個順序是重要的、必要的。

基督徒常常講「信、望、愛」，但是「信、愛、望」的排序更有意義。信仰，是從認識過去的歷史而產生；愛，是實現信仰行動的現在；望，是對上帝許諾上帝國的未來盼望。

現在的身體，沒有信仰的靈魂是死的，現在的信仰沒有愛的行動作爲，也是死的，盼望就是空的。

「信、愛、望」可以對映「信、行、義」。信仰耶穌的方法（扛起替窮人發聲的十字架）是正確的方法；扛起自己十字架的行動就是愛自己與愛鄰人的眞理；上帝國的自由與公義就是生命最終的盼望與意義。

285,
健康（health）是個人小生命生存與發展的身體基礎，智力（intelligence）是小生命生存與發展的心識能力。

環境是族群大生命生存與發展的基礎，智慧（wisdom）是大生命生存與發展的能力。

個人小生命的聖靈是族群大生命聖神的形象投影，大生命的聖神是小生命聖靈的寄託。立約與禱告是個人小生命與族群大生命連結與溝通的管道與橋樑。

286,
不好的宗教是建立在讓人們面對死亡的無知、地獄的恐懼、天堂的誘惑的壓迫體制。

邪惡的政治壓迫體制是建立在以少數統治者壟斷多數的暴力，控制人們的生與死，剝奪人們思想與言論的自由。

瞭解個人小生命「有生必有死」的短暫有限、族群大生命存在的綿綿不息，及兩者的交互關係，即可產生無畏死亡的能力，超越宗教與政治體制的束縛與壓迫。

287,

信其有，則有；不信其有，則無。信與不信，無關存在與否。

信有聖神，則聖神在；不信有鬼，則鬼無。

信有聖神，則在苦難中可以得到援手拉起的助力；不信有鬼，則不必疑神疑鬼，事出有因，腳踏實地，逐步排除困難，就能脫離險境。

宗教教導人們有聖神，是好的，但「道成肉身、住在人間」，不必以天堂引誘走上岔路。也不應該誆騙世間有鬼、死後有地獄，讓人心生恐懼，生活不得自由。

好的宗教是實踐「自由與公義」的信仰團體與生活方式。天堂與地獄，不是宗教真正的信仰。參與一個宗教而得不到自由與公義的聖靈感動，只是讓自己淪為宗教體制的奴隸而已。

288,

在政治與宗教的既有體制下，當不公不義的壓迫從天而降時，先知義人們佇立不屈，撐起罩頂壓迫的帳篷，留下一片自由想像的呼吸空間，不讓底層民眾窒息而死；他們的話語與行動像一支支的小蠟燭，讓底層民眾在黑暗中看見未來的光，知道聖神上帝沒有

離棄我們。

先知義人們得知上帝呼召的旨意就是自由與公義。安慰脆弱個人小生命的苦難，鼓勵族群大生命的生生不息。

289. 真理是追求幸福的基礎，幸福是實踐真理的目的。

什麼是真理？

自由與公義是真理的總精神。

個人小生命的自由，包括免於病痛、憂傷的自由；免於貧窮匱乏的自由。

族群大生命的自由，包括言論思想的自由；免於被壓迫奴隸的自由。

公義在於平衡個人小生命自由產生的衝突。小生命個人的自由不得傷害到他者小生命的自由。

幸福是什麼？

實踐真理而感受到個人小生命與族群大生命的自由與公義，得到提升的滿足感與盼望。

290, 不知道生命的終點是什麼，就無法瞭解生命的意義是什麼。

生命的終點就是死亡或滅亡，存在就是第一個意義。個人小生命的死亡或滅亡之後，就不再新生出新的意義。生命的意義從出生的開始產生，朝向形體的成長到最後的死亡或滅亡，生命發展中，不同的實踐真理追求幸福的過程就會展現不同的意義。

偏離真理的幸福感是短暫的、虛妄的。

291, 生命的意義：在既有的環境條件下，生命有自由選擇前進方向的權利。

生命的歷程不是一本事前設定好而不能事先閱讀的流水帳。反而，生命是一場自由選擇累積總和的結果。

生命的選擇雖然是自由的，但往往是痛苦而掙扎的，因為前面的道路是無法預料的。

信仰真理的意義在於面對抉擇的時刻,自由與公義的聖神旨意,可以做為生命前進抉擇的參考指標,不是宗教的儀式。

292. 佛法的「世間法」,就是個人小生命的有生有滅;「出世間法」就是族群大生命的不生亦不滅,綿延不絕。

學習「無常」的智慧,得意時,不至於放浪忘形;失意時,仍能持守盼望。

293. 聖神愛世人,不分種族膚色性別。所有的人都是聖神所揀選的人,即使這些人不認識、也不想認識聖神,甚至誤認了聖神。

聖人耶穌當年就看出以色列社會的問題,以聖神「自由與公義」的旨意教導以色列人,除了愛自己(以色列人),要愛鄰人(住在一起的外邦人、異教徒),也要愛你的仇敵(世代冤冤相報的宿敵)。

294, 人心在內，人間在外。

天堂（heaven）在人心，不必往外尋覓追求。

天國（kingdom of god）在人間，就是自由與公義的處境。

世人想在死亡之後，不要淪落到地獄，能夠升到天堂。天堂與地獄的處境，不是在死亡之後，而是在死亡之前的內心生活狀態。

天國是符合聖神「自由與公義」旨意之國度體制，應在人間。失去自由與公義的政治與宗教體制，人們不會完全順服。處在體制壓迫的處境之下，一方面可以表面屈服於體制，另一方面要堅定「自由與公義」天國的信仰追求，不必隨波逐流，淹沒自己。這就是真正「政教分立」的本意。也是「凱撒的歸凱撒，上帝的歸上帝」的本意。

自由與公義之道，不是放在心裡想像天堂的，也不是只用嘴巴口耳相傳的，而是要用身體來人間實踐的。

295. 孔子說：「學而不思則罔，思而不學則殆。」

個人的小生命，有生有滅，生命有限，彌足珍貴。為了身心靈的成長，要學習的事物太多了。

只有學習而不加思考消化整理、建立思想體系，很容易在繁雜的知識中迷失方向、找不到出路。

只有思考而無法學習到經驗與教訓，應用於身心靈的成長，很容易產生挫折感而放棄思考。

296. 基督教宗教改革之後，有「因信稱義」之說的流行。

什麼是「信」呢？聽聞真理與道的福音，認錯、悔改是「信」的開始。無動於衷、紋風不動，怎麼會是有信呢？

「信」不是敬拜聖人的名號、誦念經文的語句，「信」是改變自己、努力向善的行動。

什麼是「義」呢？做對的事，愛自己、愛鄰人甚至愛仇敵，瞭解生命的意義，持守對生命未來的盼望。

297, 要怎麼做才能夠得救？必須先了解什麼才是「得救」？

個人小生命處在順境，得意忘形、放浪形骸、忘記自己是誰的時候，能夠恢復清醒、回頭是岸，就是得救。

個人小生命處在逆境中，水深火熱、病痛纏身猶記得自己是誰的時候，能夠恢復活力、振作爬起，就是得救。

要怎麼做才能得救？聖人與先知領悟的智慧、行動的榜樣都是學習的典範。

得救是在生命的當下，不在生命結束的死後。

個人的小生命得救，族群的大生命的綿綿不絕就增添一分氣力。

298, 情感與信仰是宗教的兩大支柱。信仰是宗教的核心支柱,情感是宗教的外觀城牆。

沒有信仰的宗教就是空心的城堡。缺乏情感城牆的拱起圍護裝飾,信仰易流於枯燥乏味。

宗教情感透過儀式、文字、音樂、舞蹈、繪畫、雕刻等諸多的文化創作方式表達對聖神信仰的頌讚、敬拜、訴苦、祈求、禱告、盼望等情感,是對聖神的虛擬實體化,就是小生命個人對族群大生命的感情投射。

299, 受造人們「一生一世」小生命的短暫,較之於自有自在聖神大生命的「永生永世」,會宛如曇花一現的燦爛美麗?還是會如塵煙落地蒸發的無聲無息?這是人們選擇的權利,也是個人小生命受聖神大生命呼召選擇的智慧。

聖神的呼召降臨出現時,先知瞭解個人小生命的短暫有限,看到族群大生命受到的苦難,選擇付出小生命的能量,燃燒發光,阻絕大生命沈淪墮落,提振大生命生存的力氣,引領大生命前進的方向。

300, 基督教有聖餐的教儀。聖餐的形式在外，在群體；聖靈的降臨在內，在個人。

藉著聖餐儀式的肅穆，持久紀念耶穌願意扛起十字架打破肉體身軀，為弱勢者發聲的義舉行動；藉由葡萄酒的共享象徵，信仰耶穌基督的精神與行動，就是在信仰上具有共同的血緣基因，形同信仰上的一家人。

對基督教徒而言，參加聖餐是對耶穌信仰耳提面命的提醒；對非教徒而言，則是認識耶穌基督信仰精髓的入門。拒絕於外，如何傳播耶穌基督的福音？不認識耶穌，怎麼會瞭解耶穌是基督？

知罪，才能認罪；悔改，才是參加聖餐的重點。

301. 信仰是理性選擇的權利,是心靈呼召的感應,也是身體力行的實踐。

信仰,信才有;不信,則無。

寧肯信有聖神,與自己的聖靈對話。在苦難的時候,可以受到扶持倚靠;在勝利平順的時候,不陷誘惑邪惡。

何苦相信死後惡魔存在,讓自己心慌恐懼、惶惶終日不得安寧自由?

惡魔,就是人性中內在的魔性。見善,能為而未為,該為而不為。見惡,視而不見,或不該為卻為之。內心的掙扎,宛如刀割,就是地獄。

302. 聰明(smart)的人善於利用時間與空間;愚拙(clumsy)的人窮於受制時間與空間;智慧(wise)的人尋求超越時間與空間。

多一分對族群大生命的牽掛,僅少小生命個人萬分之一的自由;少一分小生命個人的私心,會多族群大生命千萬分的公義。

303,

宗教是人類生活探討對外部環境不可預測、自身心靈不可控制等無法完全理解的事物所累積建立起來的體制。

政治是人類探討族群實體生活運作所需要的秩序所累積建立起來的體制。

回顧人類發展的歷史，先有宗教體制。宗教體制的運作不足以滿足族群社會發展的需求，才產生了政治體制。

政治體制並不是要從宗教體制中脫離獨立出來，而是以政治體制的運作補強宗教體制運作的不足。因此人的社會生活脫離不了宗教，也脫離不了政治。

基督教新約聖經中記載一個有名的故事，耶穌說：「凱撒的歸凱撒，上帝的歸上帝。」凱撒代表殖民壓迫的政治體制，上帝代表宗教體制的信仰。耶穌的智慧，教導世人面對不公不義的政治壓迫，也要堅定自己的宗教信仰，勇敢面對，而不是以「政教分離」的藉口放棄自己的信仰，甚至逃避信仰的實踐。

沒有實踐作為的信仰，是死的，是空的。

沒有能力實踐信仰的宗教，是死的，是虛無的。

304, 個人小生命身心靈的自由，及族群大生命的公義，是生活快樂的基礎。

健康（health）是身軀自由的目標，科學是追求身軀自由的學問。

聰明（intelligence）是心識自由的目標，科學與哲學是追求心識自由的學問。

智慧（wisdom）是性靈追求自由的目標，科學、哲學與神學是性靈追求自由的學問。

族群大生命的公義是維持小生命個人自由的目標，也是平衡的工具。

305,

人有兩種傾向,因人性中同時具有神性與魔性。有時善,有時惡。但不是人可分成兩種:善人與惡人。

善人內心仍有魔性,得意忘形時,魔性就會滋長,困頓苦難時,也會軟弱無力萌生放棄;惡人內心也會有神性,警醒悔悟時,神性就會浮現;維護弱小時,與天使何異?

善人不必自誇,警覺魔性的潛在;惡人也不必自甘墮落,維護神性燭光不息。

306, 歐美社會與中國社會有不同的文明價值宗教信仰。兩種主流文化的年輕人面對相同的人生問題自然會做出不同的選擇。

歐美社會文化強調族群大生命生存的自由與公義；中國社會文化追求個人小生命生存的自由與公義。

個人小生命的死，是時間的必然，若能潛藏著族群大生命的生，死小的生大的，族群必然生生不息。

307, 彌賽亞只會有一位嗎？上帝的兒子（女）似乎不只是地面君王的其中一個，因為現在的世界有眾多國家的領袖。如果只能有一個，許多基督教國家的領袖必然為這個名份爭戰不已。

上帝對受造的萬民慈悲，在不同的處境不會袖手旁觀，必然會派遣不同角色的彌賽亞降世扶持受苦受難的兒女（不可能君王才是耶和華的兒子）。

人們受造後向耶和華祈求庇護的人有福了，因為這樣的人瞭解我們每個人的權力（power）來自上帝，不是來自政治領袖，甚至認為這個權力是超越政治體制，才會產生「主權在民」的行動力量，朝在地面上落實自由與公義的上帝聖國的

方向前進，如同行在天上。

每個人都是上帝授權的兒女，因為每個人都是按照上帝的形象受造的。雖然很多人不知道或不承認這個關係。

308, 本質（essence）由本來是什麼（what is）及應該是什麼（what should be）組成。

生命的本質包含神性與魔性，也就是善性與惡性。

聖神對生命的旨意是自由與公義的神性。小生命的個人魔性包括軟弱、驕傲與嫉妒，就是「原罪（sins）。軟弱是該為而不為，驕傲是不該為而為之，嫉妒是怨恨他人更好。族群大生命的社會魔性就是存在不公不義，就是社會的共業。社會大生命的魔性呈現諸多樣貌：政治的、經濟的、知識的、文化的、族群的、性別的、環境的、年紀的、宗教的等等，形成弱肉強食的權力壓迫。

生命本質中應該是什麼？這是瞭解生命的本質中「原來是什麼」之後的自由意志選擇。雖然如此，「親神去魔」是理所當然的選擇，也是歷史路程中神學、哲學與科學性的顯現。

309, 聖神是什麼？基督教聖經記載：沒有人正面看過聖神，最多只看到他的背影，見到聖神的時候就是死亡的時候。

聖神像呼吸必須的空氣，不費吹灰之力，只有在風吹過的時候才會感受空氣的存在。

聖神像生活需要的陽光，永遠在那裡，只有烏雲密佈的時候，才會注意到太陽的常在。

聖神像生命須要的淨水，只有足量飲用、洗滌污穢，才能讓生命正常運作。

人看得到自己的肢體，但看不到自己的形貌。人從靜止的水面第一次看到自己的形貌。鏡子是人類一項偉大的發明，讓人更容易看到自己的形貌。能夠看到個人小生命自己的形貌，才有可能看到自己的神性與魔性。

宗教像是群體社會的鏡子，讓人能夠看到群體社會的神性與魔性。

310, 聖神創造萬民，既然他的旨意是自由與公義，為什麼在神性之外，還有附帶原罪的

魔性？

軟弱、驕傲與嫉妒是小生命原生的罪或魔性。人若能對著鏡子觀照到自己的形貌，才能認識自己。若能關照到自己的魔性，才能認識神性的存在與可貴。這個認識是自由意志選擇的基礎。

原罪是個人小生命的「永動機」。瞭解原罪與自己的小生命生死與共，智者自會時時反躬自省、虛懷若谷。

族群大生命中必有愚拙的個人，讓自己的原罪毫無遮掩的裸露在外。有時候，甚至假借聖神的名義，招搖撞騙，欺壓別人。

311, 需要有信仰。

有「聞道」的人有福了，因為這是有機緣（opportunity）才會發生的事，可以知道人

有「求道」的人有福了，因為這人已經有了足夠的聰明（intelligence），正在學習認知信仰。

有「修道」的人有福了，因為這人已經有了足夠的智慧（wisdom），正在學習實踐信仰。

人類文明的進步，在於科學、哲學與神學知識的微小發現與累積。

個人小生命一生一世，若不曾聞道，則生命有如飄浮的水草，隨波逐流，來到世間與離開世間，有何差異？

「求道」，若「問道於盲」，豈能找到生命出路？聖人耶穌說：我是道路、真理、活命。認識真道，才能理解真理，才能找到活命。

「修道」的四個窄門：知罪，認罪，贖罪，除罪。「知罪」，就是認識什麼是個人小生命的個人魔性與族群大生命的社會魔性；「認罪」就是反省關照自己及所處社會的魔性狀態，喚醒聖靈；「贖罪」就是採取行動，將自己從個人的魔性中拯救出來；「除罪」就是集結善性的力量，消除族群大生命的社會魔性。

312, 「道」就是人類文明價值的信仰。聞道、求道與修道，就是個人小生命在聽聞、追求與修持人類文明價值的信仰。

真道，是讓個人小生命與族群大生命充滿自由與公義的活水。有實踐真道的個人小生命，才會有真道彰顯的族群大生命。

真道不存在於人死亡之後的天堂。真道必然「道成肉身，住在人間」。可以在肉身上得到實踐的才是真道。人死亡之後，肉身不再，但人類文明價值依舊存在不滅，住在族群大生命的人間社會，生生運作不息。

世人邁向死亡的道路是寬廣的，無人能夠倖免。能夠找到活命窄門的人，有福了！

313，

什麼是「活命」？活命就是不死的生命。個人小生命的肉身會死亡腐朽，活命不在小生命的肉身，世間沒有長生不老不死之藥。

活命是「道成肉身，住在人間」，是透過個人小生命肉身對真道的實踐，讓自由與公義活在族群社會人間的大生命裡。

族群社會的大生命就是個人小生命肉身死亡之後歸屬的天堂或地獄。

個人小生命的人性同時具有神性與魔性的雙面性；族群大生命的「族性」也同時具有這樣的雙面性。

314,

基督教舊約聖經以賽亞書記載：先知以賽亞在猶太王國面臨國家被滅亡的時候，建議國王不要背叛信仰，「因此，上主要給你們一個兆頭，必有年輕婦女懷孕生子，給他命名叫做以馬內利（Emmanuel）。」（馬太福音引用）

「以馬內利」一般翻譯為「上主與吾人同在」。上主聖神如何與吾人同在？上主聖神是誰？以何種方式與吾人同在？

上主聖神就是人類文明價值信仰的統稱。處在危急苦難的時候，沒有背叛吾人的信仰，上主聖神必與吾人的聖靈同在。

也許個人小生命的肉身將受到焚毀死亡，但是年輕的婦女將懷孕誕生新生的一代，這一代就是「以馬內利」的一代，就是堅守文明價值信仰的新一代，不會背叛自己小生命聖靈，也不會背叛族群大生命聖神的一代。

「以馬內利」的現代翻譯，就是鼓勵「要相信自己小生命的聖靈，要相信族群大生命的聖神」的訊息。

無感、不信，要如何領受這個「聖神與吾同在」的福音呢？

315,

基督教聖經中的「先知(prophet)」不是台灣社會常稱「未卜先知」的先知,而是先知先覺的先知。

「先知」的角色是族群社會脈動的前瞻觀察者,族群生存知識的保存者與傳承者,也是不公不義受壓迫者的代言人,更是聖神文明價值的守護者。

族群社會的發展自然會產生「先知」,但「先知」是人,自然同時具有神魔兩性,而有辨別「真先知」與「假先知」的必要。

聖靈不清醒,無從辨認真假。

真先知不止是先知先覺的先知,也是先行者的先知,為了受壓迫者承擔苦難的義人,也為挑戰獨裁壓迫者而挺身犧牲。

316,

基督教聖人耶穌如是說:「我實在告訴你們,世人一切的罪與褻瀆的話都可得到赦免;但任何對聖神(靈)的褻瀆,都要擔當永生的罪(eternal sin)。」(馬可3:28-29)

世人的魔性,不認罪並且說出褻瀆的話,都會隨著肉身的死

亡朽壞而有一個了結。但是若是小生命的聖靈昏沈未醒，不食人間煙火，對社會的魔性視而不見、聽而不見、見而不行，甚至對義人的義行百般中傷、阻擾、破壞，這是對族群大生命的文明價值信仰最大的藐視，這樣的褻瀆就是永生大生命無法赦免的罪過。

317, 個人小生命的人性中有神性與魔性並存。

神性是克制自己，關懷他人，是人類文明進步的發端；

魔性是放大自我，侵略他人，是社會壓迫體制衍生的濫觴。

族群大生命的族性中也是神性與魔性並存。

神性是在個人小生命的自由中尋求公義的平衡；

魔性是在社會的公義中放大個人小生命無限的自由，破壞族群大生命的自由與公義。

318, 人性不等於神性。人性中有神性，也有魔性。有些人神性高，有些人魔性高。也有一些人不知自己身處何處隨風飄。

俗話中說的「沒有人性」，意思是這個人的魔性高於神性，遮掩了他的神性。魔性（軟弱、驕傲與嫉妒）是每個人天生的原罪（sin）；神性則是聖神對受造者的賜福。

小生命個人需要關照自己的內心深處，生命走向的選擇是在哲學邏輯思考與族群大生命聖神對話之後自由意志的選擇。

319, 智力（intelligence）是從個人小生命利益的角度來判斷的；智慧（wisdom）是從族群大生命利益的角度來衡量的。

人工智力（artificial intelligence）透過大數據資訊的蒐集分析與處理，可以超越一般人智力（human intelligence）的表現。未來會有人工智慧（artificial wisdom）輔助一般人的智慧（human wisdom）而超越人的智慧嗎？

人的智慧有限，因為個人小生命的利益時常與族群大生命的利益出現衝突而無法割捨。

佛教有六度波羅密的教誨：佈施、持戒、忍辱、精進、禪定、智慧。前四者強調個人小生命的智力，後三者是提升小生命學習智慧的方法，就是認識族群大生命的利害得失。

320,

政治是敵我的權力鬥爭，是雙標的。人類文明價值的信仰才是單標的，普世的。

愛是神性的力量，恨是魔性的力量。恨的力量是急促而短暫的；愛的力量是輕微而持久的。恨的力量偏好以暴易暴；愛的力量選擇以愛制暴。

聖人耶穌基督選擇被釘死在十字架上，就是以神性大生命愛的力量戰勝小生命魔性的仇恨力量。個人小生命是輸了，族群大生命是贏了。

321,

宗教皆起源於信仰。失去信仰，教堂、寺廟、佛堂再富麗堂皇，也只是炫耀的建物而已。

信仰起源於慈悲憐憫心、同理謙卑心、信願菩提心、無我公義心。目的在於追求個人小生命「身心靈」的自由與公義；也在維護族群大生命的自由與公義。

以教會、教團、僧眾等團體的大小、追隨信眾的多寡、聚會餐飲的豐盛為念，就是偏離了信仰的跡象。

322，

神性與魔性（sins）都是天賦的人性。趨吉避凶是天生的直覺（intuition）。辨識何者為吉？何者為凶？則需要身、心、靈的能力培養。也就是科學（知識）、哲學（心識）、與神學（靈識）能力的培養。

面對處境，良知的呼喚對應聖靈的降臨，神性啟動。但會受到魔性的干擾，軟弱而不作為。

面對處境，魔性蠢動，不敵誘惑，若無神性節制，即犯不該為而為之自滿罪。

修持在於「存善去惡，顯神隱魔」的決斷心與行動力，亦在培養「趨吉避凶」的直覺，反應出正確的能力。

在複雜的處境下，直覺的選擇其實是一種「種瓜得瓜、種豆得豆」的快速反應，而有「靈機一動」之說。

323,
從巨觀的角度來看，族群大生命有集體的權力壓迫，就會引來小生命個人的反抗。

從微觀的角度來看，個人小生命有反抗，才會在族群大生命取得生存的權力。

簡單說，有壓迫，必有反抗；有反抗，才有權力。

政治與宗教的權力，是族群大生命集體權力的不同類型。透過政府與教會的體制（system）進行運作。

從人類發展的歷史軌跡來看，政治體制從宗教體制分離出來，而凌駕於宗教權力之上，也架空了宗教。

靈性的操練，在於培養小生命個人反抗壓迫的能力，不論是宗教的或是政治的，防止族群大生命的沈淪或滅亡。

324,
先有靈性感應，累積經驗成了信仰。經由信仰傳承而成了宗教。宗教追隨者以教導、經營、管理而建立了教會體制。

最早，宗教家也是科學家，揭開自然環境與生命生態的奧秘；也是哲學家，找尋個人小生命與族群大生命的行為模式

與生存之道。

之後，知識累積龐大，集三家於一身者稀少。窮盡個人小生命之一生，能有一家之成就亦屬不易。宗教家失去了權力的絕對掌握。

知識就是權力（Knowledge is power）。知識的分散化，權力隨著分散。反之，政治取得了權力，就控制了知識與財富的力量，產生壓迫。

個人小生命要反抗壓迫，要從學習知識開始。

325, 祈求聖神伴我同行

人性君王聖神上帝
統治人心無限國地

原罪軟弱魔性試探
賜我勇氣警覺提醒

世事無常生命脆脆
風湧苦難遮我翼下

解除壓迫自由放飛
公義審判超越權勢

我心順服佇主內底
願獻一切做你器具

祈求聖神伴我纏帶
守護吾族直到萬世

人性君王聖神上帝
統治人心無限國地

我心順服佇主內底
願獻一切做你器具

祈求聖神伴我纏帶
守護吾族直到萬世

326,

有聰明（intelligence）的人不一定有智慧（wisdom），有智慧的人一定有聰明。

生存是屬於科學的；聰明是屬於哲學的；智慧是屬於神學的。

聰明算計的是個人小生命的利害得失；智慧算計的是族群大生命的利害得失。

對人類文明價值有信仰，就會產生智慧的種子。信仰是小生命聖靈對族群大生命聖神承諾的立約。

實踐信仰，履行契約，種子就會萌芽發枝開花結果，是謂「因信稱義」。

327. 我們都是上帝創造的兒女，都有上帝的形象。但幾乎所有的兒女都忘記了我們來自何處？只有耶穌是唯一牢牢記住的，是獨一無二的。這是耶穌是上帝獨生子的本意。

耶穌的救贖，在於親身展示為信仰而捨身，喚醒每個人在內心底層深刻上帝形象的記憶。

想不起來或故意忘記，就是繼續欺騙上帝，也欺騙自己。

原罪不是罪，魔性不是魔。知道原罪魔性的存在，才會知道要對神性追求。超越軟弱、克服誘惑、捨棄嫉妒，神性光輝自然顯露。

328, 耶穌的苦路至少有幾層意義：

一、耶穌的苦路是耶穌個人小生命人性的軟弱與族群大生命聖神呼召的心靈掙扎道路。這是每個人日常生活都會走上的一條路。

二、耶穌選擇放棄個人小生命的犧牲來回應族群大生命聖神的呼召。這不是一般人每天都會做的選擇。

三，耶穌苦路的最後盡頭是耶穌個人小生命的死亡。但是盡頭的後面是復活。沒有耶穌的死亡，就沒有耶穌的復活。每個人不必害怕死亡，而是要思考自己會如何死亡？

四，耶穌苦路的救贖不是因為耶穌個人小生命的犧牲，而在每個人從耶穌的苦路得到啟發而認罪悔改。

329, 宗教信仰大致上可以分成4大類：1、有神有鬼；2、有神無鬼；3、無神有鬼；4、無神無鬼。

一般的宗教都屬於第一大類，有天堂有地獄。第四大類才是真正俗稱的無神論者。第三類是獨裁者的宗教信仰，獨裁者

相信自己才是上帝。我的宗教信仰是第二類,因為聖神道成肉身、住在人間;而魔神並不在身外,而出於人性的魔性:軟弱、驕傲與嫉妒。

個人小生命聖靈的聚集,就是族群大生命聖神指派天使出手的時候。

個人小生命魔性聚集的時候,族群大生命的魔神就會發威,直到聖神重新掌權治理。

330, 個人小生命自我解放的指標,在於覺醒聖靈受造於聖神的形象,克服人性的軟弱與誘惑的試探,成為一個身心靈全新的個人,亦即認罪悔改。

族群大生命的自我解放指標,在於體認受造於聖神之內,成就一個沒有壓迫而順服的群體,彰顯聖神旨意的自由與公義。此即是耶穌「主禱文」所說:你的旨意得成,你的國降臨,行在地上,如同行在天上。

331, 啟蒙覺醒是一個自由人追求自我解放的起點。自我解放是認知自己的人性本質,而選擇追求彰顯神性、克服魔性的過程。

康德與尼采的時代，歐洲的人們是生活在基督宗教教義控制社會思潮的年代，他們的思想啓蒙了人們的理智，超越了宗教迷信的麻醉與壓迫。

台灣現在的社會，宗教迷信仍然超越人們理智的啓蒙。宗教迷信不等於宗教信仰，而是神棍欺騙信徒的手段。眞正的宗教信仰讓人得到理智（intelligence）與智慧（wisdom）。宗教迷信讓人隨波逐流、任人擺佈。

332, 機器人的智力（intelligence）可以贏過人類，因為人類單獨個人小生命無法完全蒐集記憶機器人可以擁有的資訊。

機器人面對生命取捨的關鍵時刻，將因缺乏理性（intelligent）個人小生命擁有的智慧（wisdom），而無法做出對族群大生命正確的有利抉擇。

機器人可以取代奴隸，無法勝過先知義人。

機器人可以取代「依法行政（rule by law）」的法匠，無法取代需要智慧的法治（rule of law）。

333, 在追求信仰的求道路途上：

極少數個人小生命先有「割捨自己」的靈性與決志，心甘情願地扛起自己的十字架，承擔族群大生命魔性帶來的苦難。這是靈性向外的修煉。

絕大多數的個人小生命必須認知自己的神性與魔性，學習扛起自己苦難的十字架，才能達到「割捨自己」的靈性彰顯與決志。這是向內追求靈性的修煉。

如何「割捨自己」，就是智慧。「割捨自己」是一條苦路，是一道窄門。

334,

尼采認為在人性精神狀態的「三變」中，從駱駝變成獅子，再從獅子變成小孩。這是對應身、心、靈三個階段的精神狀態。

駱駝代表第一階段的精神狀態：「身體的生存」，這種精神狀態的價值觀是謙卑，自我克制，節儉，服從和對不利情況的適應能力，跟遇到困難的承受能力。重點是求生存的模式。

獅子代表第二階段的精神狀態：「身心的自主」。其目標是透過艱難等級的秩序要求，獲得權力、獨立和自由。重點是求自由的模式。

小孩代表第三階段的精神狀態：「靈性的純真」。重點是求公義的模式。

由於強而有力的獅子只能採取破壞性的行動而不能採取建設性行動，在克服舊價值觀之後，必須進行精神狀態的提昇，重建新價值觀。小孩代表原始純真的新起點，成為新的創造者。

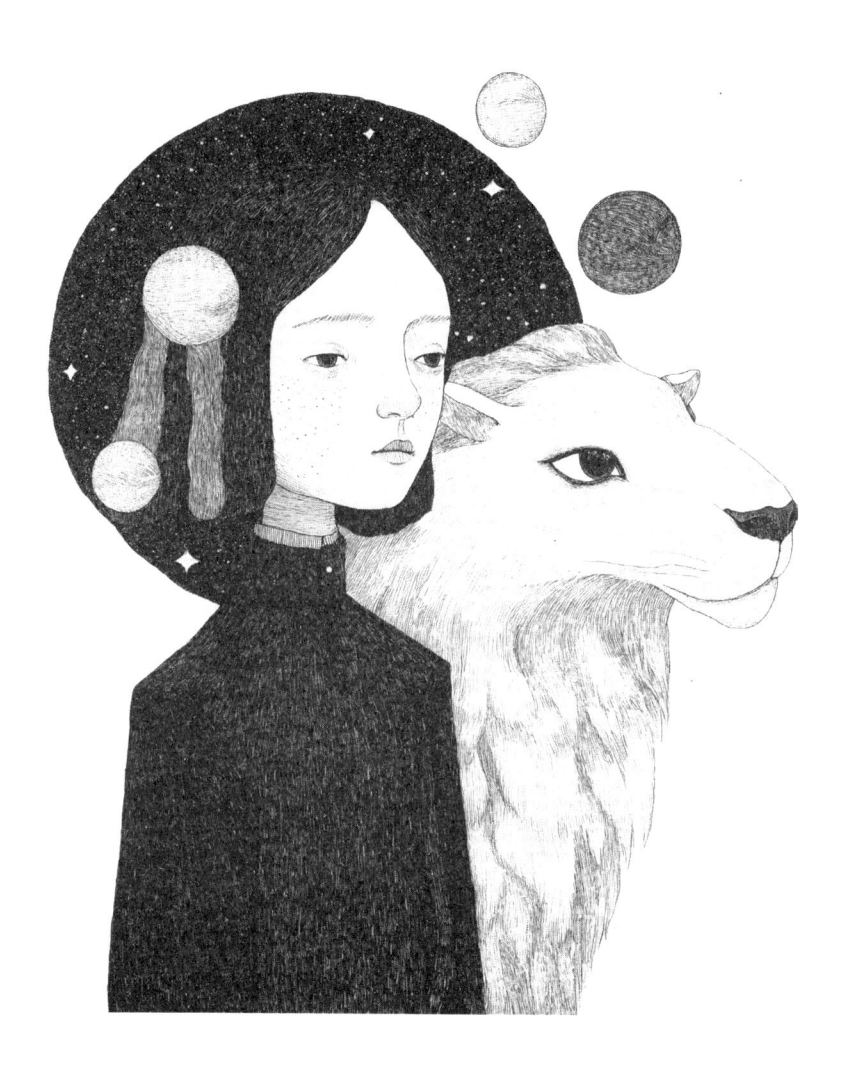

335,

聖神上帝的救恩不是因為將耶穌降生在世界而顯明,而是因為耶穌願意扛起十字架,割捨自己而顯明了聖神上帝救恩之路。這就是耶穌所說:「我是道路、真理與活命」的道理。這是個人小生命信仰的源頭。

耶穌也說:跟隨我的人必須扛起自己的十字架,才能到天父那裡去。這是個人小生命「因信稱義」的實踐。

天父在哪裡?天父藏在族群大生命的聖神裡。個人小生命修煉「道成肉身住在人間」路徑,在於顯明聖神上帝的救恩之道;不在於耶穌之生,而在於耶穌之死。

336,

「他(耶穌)自甘卑微,順服至死,且死在十字架上。」(腓立比書2:8)耶穌的死,顯露出個人小生命原本因罪(魔性)而被分裂的人神關係可以被修復,可以重新和好。耶穌救贖的恩典在於顯明個人小生命自我解放的救贖之路,而不是因為耶穌的死亡而自動赦免所有人的罪。

個人小生命的罪自受造開始就伴著聖靈而生,不會因耶穌的死而自動被赦免消失,但能藉著赦免別人(割捨自己)而得到族群大生命聖神的赦免。

337, 天主教會紀念耶穌苦路記載14站的故事,有三次耶穌的跌倒。

第一次的跌倒,耶穌在被判刑釘死十字架後受到鞭打而皮開肉綻,頭破血流,扛起十字架後受到羅馬士兵與興風作浪者拳打腳踢而精疲力竭跌倒。這是「身形」的跌倒。

第二次的跌倒,耶穌在第一次跌倒後,羅馬士兵抓了一個外邦人替耶穌扛著十字架,耶穌身體上稍微獲得喘息的機會。但想到以色列人內部四分五裂的狀況,有勾結殖民統治帝國的宗教領袖、有武裝革命的芬銳黨勢力、有見風轉舵的勢利民眾、有無助的弱勢民眾,在殖民帝國的高壓統治之下,族群社會被武力鎮壓消滅的命運似乎迫在眉睫、無法倖免,內心哀痛難過,一失足就跌倒在地。這是「心性」的跌倒。

第三次的跌倒是「靈性」的跌倒。面對可以預見的族群社會被滅亡的命運,耶穌只能安慰在旁為他哀哭的婦女,要為他們自己與子孫哀哭,不必為他哀哭。思及對聖神卸下苦杯的哀求而得不到族群大生命聖神應許的回應,只能順服扛起十字架,盼望著死後的復活,向以色列人顯明自我解放救贖自己的道路。這個死而復活的盼望,讓耶穌失神而再跌倒。

338. 族群大生命的意義在於自由與公義。能夠體會族群社會存在自由與公義的必要，就能感受族群大生命的存在，就能感受族群大生命聖神的同在。

沒有族群大生命的感受，大生命的聖神就不可能存在人間，也不會為了個人小生命而住在天頂。

個人小生命的意義在於盼望（hope）與慈悲（mercy）。盼望是跨越身心靈限制與障礙的聖靈能力；慈悲是反省、謙卑與赦免的實踐能力。個人小生命感受到盼望，就能感受到自己聖靈的同在；反之，亦然。感受到聖靈的存在，就會感受到慈悲的能力，就會產生個人小生命與族群大生命的互動連結。

只有盼望、沒有慈悲的聖靈，個人小生命是虛幻的；只有自由、沒有公義的聖神，族群大生命是暴亂的。

339. 感受自己聖靈的存在是認識自己的開始，聖靈帶來對超越身心靈限制與障礙的「盼望」、與盼望實現後對其他個人小生命的「慈悲」。這是完整的聖靈。

人性內部伴隨聖靈神性，也存在著邪靈魔性（sin）。魔性的特性，對外軟弱、驕傲與嫉妒；對內自卑、貪欲。

學習抑魔趨神，就是學習智慧。也是學習「道成肉身、住在人間」的天路。天路，也是苦路。

340, 宗教是為了教導與傳播信仰而形成的人為體制。信仰是維繫族群大生命與個人小生命的精神糧食與力量。

宗教會吸引教徒；信仰會產生信徒。宗教失去信仰的核心，就剩下綁架教徒的體制，帶領教徒進入迷信的死巷，找不到真正生命的出路。

信仰是超越宗教的。不同的宗教使用不同的語言、方式教導與傳播信仰，引導不同需求的教徒找到生命的意義。

信仰必然是合一的，人為的宗教自然可以不同。因宗教或教派的不同，而在信仰上產生對立是錯誤的，也是不幸的。

341, 人性中有神性與魔性，相伴而生，一日一時不曾或離。聖靈神性有如生命的指北針，指著正確的方向，但沒有自動前進的力量；邪靈魔性有如生命的自動檢測器，偵測檢查生命的原罪與能力狀態。

聖靈神性為正，知盼望與慈悲而進；邪靈魔性為副，知嫉妒與貪欲而退。是謂「知所進退」。

這是聖神創造生命自動運轉的奧妙與恩典。受造者無法因耶穌選擇受難而自動得到救贖，卻可以認識與學習耶穌受難，在神性與魔性的角力掙扎中顯露生命的意義與救贖。

救贖必然是己願己力的，必然是一條苦路，但不自覺地，它就是一條天路。

己願他力的修道與求道，都是白忙一場，虛度光陰。何況自私自利的假先知？

342, 沒有人真正見過上帝的真面貌，最多只看到上帝的背影。正面見到上帝的時候，就是個人小生命死亡的時候。

聖詩裡充滿稱讚上主、耶和華、上帝令人感動的歌詞。大多

數的教徒誤以為上帝住在天堂,窮其一生之力要去天堂與上帝住在一起。

其實,上帝出現在族群大生命裡。個人小生命如果不知道「道成肉身、住在人間」的道理,就會與上主擦身而過,錯失良機。

聖神就是族群大生命的共同主人,是族群大生命共同體的化身,是謂「道成肉身」。族群大生命存在,則聖神存在;族群大生命亡,則聖神亦亡,是謂「住在人間」。

個人小生命的終極意義就是維續族群大生命的不死不亡,是謂「上主與我們同在」。以前同在,當下同在,未來同在。

族群大生命的聲音就是上帝的聲音。

343, 什麼是天路?許多人都解讀為「去天堂之路」;什麼是「天堂(heaven)」、「天國」或「上帝國」(kingdom of god)?許多人都解讀「天堂」、「天國」是聖神與天使居住的地方,也是好人死亡之後居住的國度。沒有人看過天堂長什麼樣子。

「天堂」或「天國」是族群大生命自我解放充滿自由與公義

的理想國度。「天路」就是個人小生命學習自我解放、追求族群大生命之自由與公義的一條道路（方法，way），也就是耶穌基督教導人們扛起自己十字架的那一條「苦路」，是「己願己力」的苦路，不是「己願他力」湊熱鬧的方便之路。

耶穌基督教導的「苦路」，就是通往族群大生命「天堂」或「天國」的「天路」。

344, 族群大生命的意義在於自由與公義。

個人小生命的意義在於盼望與慈悲。

個人小生命的魔性：對外軟弱、驕傲與嫉妒；對內自卑與貪欲。

族群大生命的魔性：對外霸凌與侵略；對內專制與獨裁。

盼望是個人小生命克服魔性、對族群大生命時間長河的想望與連結的原動力；慈悲是個人小生命對他人生命的尊重與佈施，是「己之所欲，施之於人」的同理心。

345, 「慈悲」是個人小生命對他人生命的尊重與佈施。

尊重就是包容與赦免。

佈施「財」，不如佈施「法」；

佈施「法」，不如佈施「道」。

「法」者，宗教的教義；「道」者，宗教之信仰。

佈施財，不如教導自生財；教導自生財，還要教導善用財。

346, 聖經記載，上帝創造亞當與夏娃，為人類生命的源頭。亞當與夏娃的受造是「完美」無瑕的嗎？不帶「原罪」的「聖潔」嗎？

非也！亞當與夏娃接受毒蛇的蠱惑，這是原人身上帶有「魔性」的證明。

人性中存在「神性」與「魔性」，才是「完美」的。因為瞭解人性中帶有「神性」與「魔性」，才能在求道的天路上顯現追求「聖潔」的奧妙。

「聖潔」是在「神性」發揚中仍然對「魔性」保持警覺而自省，不會自高自大。

「聖潔」是在「魔性」的試探下，仍能堅守「神性」的意義，不會軟弱與嫉妒。

「聖潔」不是靜止的狀態，而是生命「道成肉身、住在人間」的動態實踐。追求「聖潔」，才是「完美」。（哥林多後書12:9）

347. 聖神是「唯一」的真神嗎？

聖神是族群大生命集體共同意識的化身，它的旨意就是自由與公義。族群大生命的魔性，對外就是霸凌與侵略；對內就是專制與獨裁。

聖靈是聖神在個人小生命受造時的形象產物。聖靈的神性就是盼望與慈悲。個人小生命的魔性：對外就是軟弱、驕傲與嫉妒；對內就是自卑與貪欲。

離開「自由」與「公義」的本質，還會有其他的「聖神」嗎？缺少「盼望」與「慈悲」，是真正完整的「聖靈」嗎？

神明或有不同的名稱，但「聖神」的本質旨意自證它「唯一」的存在，不受宗教的限制。

348, 一件事情在發生的處境之下出現非常不同（extraordinary）於常態的結果，就是「神蹟」。新約聖經記載2千多年前有關耶穌的神蹟：

一，耶穌的母親瑪利亞未婚生子，沒有被當時的猶太人用亂石打死；

二，耶穌的父親約翰沒有畏懼當時猶太人異樣的眼光而拋棄未婚懷孕的未婚妻，而願意接納瑪利亞為妻，照顧母子，養育耶穌長大；

三，在這樣非常特殊的環境下，耶穌在30歲就累積了當時猶太人數千年的生活智慧，而且有勇氣公開教導猶太人如何自我解放，追求「自由」與「公義」；

四，耶穌對於被猶太人視為不潔淨的殘障、惡鬼附身同胞，能夠拋棄身段，親自醫治，展示聖靈的「慈悲」；

五、耶穌對於猶太人視為仇敵與不潔淨的外邦人、稅吏，都用愛加以「包容」，跨越對不同種族與惡人的歧視；

六；在猶太教領袖勾結殖民的羅馬統治者的宗教與政治迫害下，耶穌選擇扛起十字架，以犧牲自己生命的行動，展示「盼望」，教導猶太人（及世人）如何「因信稱義」？如何「道成肉身、住在人間」？

這才是真正的神蹟。個人小生命的聖靈顯現為族群大生命找到安身立命、自立自強之道路的神蹟。

349，

"人類被創造是為了被愛。事物被創造是為了被使用。世界混亂的原因是因為事物被愛，而人被使用。"
～ 達賴喇嘛

個人小生命受創造的「被愛」，是因為族群大生命維護著「自由」與「公義」，充滿「愛」的神性環境。

個人小生命的「被使用」，是因為族群大生命的魔性高漲，獨裁壓迫、專制霸凌。

事物與環境被創造是為了被善用，慈悲分享。魔性貪欲的高漲導致壟斷佔有與竊取破壞。

350,

聖神或上帝是個人小生命在處境下對族群大生命「擬人化」的想像訴求對象。

對自己無法脫離的苦難，祈禱聖神聞聲救苦；對無法逃避的欺壓，訴求聖神發怒懲罰。「愛之欲其生 惡之欲其死」的人性（愛自己、恨敵人），個人小生命在軟弱無助、無力實現的時候，只能投射於求助「擬人化」的聖神或上帝，其實是個人小生命對族群大生命的吶喊與期盼。

這個對聖神的祈禱，一方面會對個人小生命產生安慰的暫時解放；另一方面，相同祈禱意願的個人小生命形成集體意識時，族群大生命就會產生行動的力量。

「信仰」是個人小生命對族群大生命兩個生命意義的想像與盼望。「信仰」，趨神，則生；趨魔，則亡。這是人類生命的軌跡。

351,

不同的宗教大多有追求「永生」的修行。

佛教稱「永生」為「無我」的「圓覺自性」或「涅槃」的狀態，是靈魂不再輪迴受苦的狀態。

人有神性與魔性的知覺,就是神性。亞當夏娃受到誘惑,就是證明魔性是與生俱來的原罪。

人雖有性靈的知覺,但個人小生命一旦結束,這個知覺就不復存在。把性靈的知覺解讀為三魂七魄「靈魂」的存在,再來勞苦修行「靈魂」達到「無我」的解脫,不是自找麻煩嗎?

「無我」原本就是沒有「小我」的牽掛。沒有三魂七魄「靈魂」的迷思,也就沒有個人小生命靈魂輪迴的牢獄之苦,而會提升到融入族群大生命的「大我」的永生。

352,

基督教的「永生」用詞是指聖神永恆的生命,認為「因信稱義」,相信耶穌已經透過犧牲他的生命而替人們贖罪,而在上帝永生的天堂裡安息。

基督教的「永生」似乎有三個類型:一、常態型的永生,在上帝的懷抱裡安息。這是凡人的永生;二、復活型的永生,這是義人的永生。在其個人小生命死亡之後,其精神在族群大生命裡復活的永生;三、地獄型的永生,這是惡人的永生。惡人在其個人小生命死亡之後,其惡行仍然在族群大生命裡受到詛咒的永生。

安息主懷是基本型態，所有的人，不論好人或壞人，都會安息主懷。義人復活是族群大生命文明進步的動力，惡人地獄是族群大生命維續的警惕。

353, 人的生命處境，就像自己開著一條船在大海裡航行一樣。

身體就是船身，需要好好維護，避免破洞進水下沉。

也需要永續能源，保持動力。飲食與知識就是永續的生命能源。

自己的心識就是船長，需要面對處境做出抉擇。

船長帶著羅盤，掌握著船舵。神性就是羅盤，指著前進的方向；魔性就是船舵。控制船舵，避開魔性，才能在朝正確方向前進的時候，躲開船難的危險。

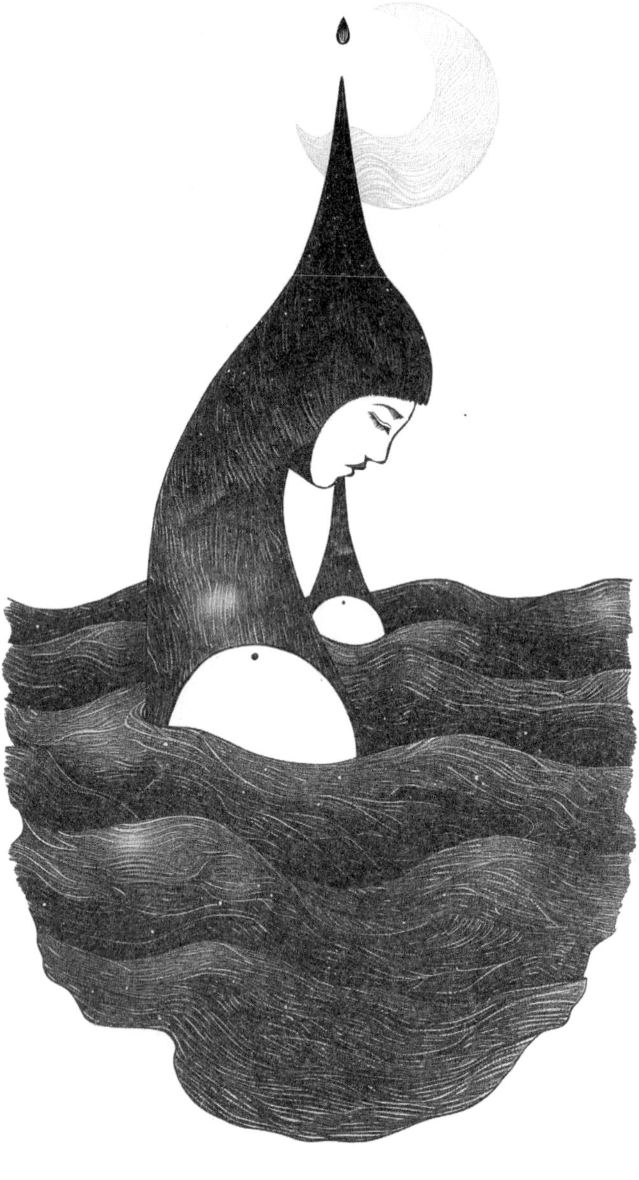

354. 旅行讓我們在過程之中體會生命（個人小生命與不同族群大生命）的意義，零落地留在自己的腦海裡，有時候必須舊地重遊才能夠再想起。

更多的時候，這些散落的記憶會自己連結起來顯露出隱藏深處的自己。

找到個人小生命與族群大生命中的自己，才會想到與計算自己個人小生命與死亡的距離，也才會發現自己在「永生」族群大生命裡的意義。

355. 閱讀基督教聖經舊約以瞭解以色列民族的興亡史，族群大生命尊崇上帝（自由與公義的旨意），則民族興；背棄上帝（專制獨裁橫行），則民族亡。

閱讀新約聖經，以學習耶穌聖靈克服魔性、扛起十字架，以指引以色列人（擴大至全人類）如何提升自我身心靈解放的能力與方法；學習耶穌基督聖靈對族群大生命聖神的盼望與慈悲，超越世俗眼光與侷限，引領人類族群大生命追求自由與公義的道路。

356, 人們確實需要信靠上帝。但是人們信靠的上帝只能按照他們理解的上帝來信靠。沒有人能夠信靠他們不認識的上帝。沒有認識,就沒有信靠。

先要正確認識上帝,才會產生堅實的信靠。

上帝聖神是什麼?

上帝聖神就是族群大生命追求「自由與公義」之集體認同意識擬人化的象徵。個人小生命身心靈的安頓,需要信靠這樣的上帝聖神,不是想像中住在雲端裡的上帝;是「道成肉身,住在人間」族群大生命的上帝聖神。

(箴言3:5-6)

357, 在牛津大學任教與研究佛學四十餘年的佛教徒理察德貢布里教授的心得:

1、不是說我比別人更純潔善良,而是我有太多無明煩惱需要去除,我需要佛陀的智慧。

　　　　(無明煩惱,來自本性。學習佛陀,解放智慧。)

2、不是說我比別人更具足智慧,而是我被太多的傲慢包

裏，我需要用謙卑來體味更浩瀚的世界。

　　　　（魔性試探，傲慢嫉妒。自省謙卑，憐憫慈悲。）

3、並不是因為我比別人好或壞，而是我了解到眾生的平等無二。

　　　　（生命受造，不分善惡。不分上下，眾生平等。）

4、因為我只能愛自己所愛的人，而佛陀却能愛自己所恨的人，並使他們具足智慧與慈悲，所以我選擇學佛！

　　　　（愛己所愛，人之常情。佛陀愛敵，感化人心。）

5、不是為了從此求財得財，而是為了了斷自己對一切欲望的執著。

　　　　（生命意義，非身外財。了斷貪欲，解放執著。）

6、不是為了人生一帆風順，而是為了坦然接受無常，在任何殘酷的境遇下，從容如君王。

　　　　（無常是常，了然於胸。殘酷考驗，不慮不憂。）

7、不是說以愛的發心綁架他人，而是為了用周到的智慧，在隨順眾生中自利利他。

　　　　（以愛服人，不強不迫。隨順眾生，自利利人。）

8、並不是因為我要逃避人世追求虛無，而是深知日常生活

處處是道場,活在當下就是在修行。

(生命無常,了斷虛無。活在當下,就是修行。)

9、我的生命並非從此不再遭遇挫折,是有了佛法相伴,挫折一一轉化成助我成長的因緣。

(生命挫折,隨機相伴。佛法智慧,助長因緣。)

10、我心中充滿無盡的感恩,單單想到今生有緣身而為人,具備修行的能力,又有機會遇善知識,得以聽聞佛法,就深心感動,因緣不可思議。

(珍惜生命,了悟靈性。學習成長,享受生命。)

11、並不是因為外在有一個神,而是我發現了我本具的自心本性。

(本性在內,不假外求。道成肉身,住在人間。)

358, 個人小生命對生命的本質有正確的認知而產生信仰,就會對族群大生命的聖神帶來盼望而產生信心。

這個盼望帶來的信心就能在苦難中帶來幸福與平安。

這個安全感與幸福感就會產生進一步對族群大生命新的盼

望。

這是由信仰產生盼望，帶來信心，再由信心產生盼望的永續循環。

瞭解生命、產生信仰是「永續盼望循環（self-sustaining circulation of hope）」的源頭。（羅馬書15:13）

359,

世人很容易在得意忘形時忘記聖神上帝，自以為很了不起、不可一世。

世人在苦難折磨時，一定會想到聖神上帝，不是哀怨訴苦，就是祈求赦免寬恕。

聞聲救苦，苦民所苦，內心空虛，傳道容易，安慰心靈，倚靠上帝；

溫飽淫佚，樂不思蜀，內心自滿，傳道困難，自高自大，遠離上帝。

360,
生命意義的顯露在個人小生命的死亡之後；生命意義的實踐在個人小生命的死亡之前。這需要信仰。

個人小生命的生命意義是顯露於留在族群大生命上的痕跡；族群大生命的意義是為個人小生命帶來警惕、盼望與慈悲。

許多宗教教導教徒，在個人小生命死亡之前追求死亡之後生命存在的意義。這是迷信。因為沒有族群大生命的永續存在，個人小生命的一生一世毫無意義，有如花開花謝，掉落滿地，清風吹過，化作塵泥。

花開，不為自己；花謝，已經盡力。融入環境，自然生義。這是世人心靈難以超越的障礙。

361,
儒教孔子說：「己所不欲（被霸凌），勿施（霸凌）於人。」

基督教耶穌說：「恁愛人按怎（仁慈）對待恁，恁嘛著按呢（仁慈）對待 in。」（馬太7:12）

這是族群大生命之內、個人小生命之間互動的紀律與準則。前者做負面提醒，後者做正面鼓勵。

當個人小生命之間發生衝突時,「毋通爲著自己報冤,寧可乎上帝替恁生氣」,因爲聖經有記載:「主講:伸冤佇在我,我會報應。」(羅馬12:19)主上帝聖神就是族群大生命的集體意識擬人化的表徵。

這個族群大生命不侷限於血緣形成的族群,而是基於相同信仰而建立的族群(community)。

362, Jesus answered, "I am the way, the truth and the life. No one comes to the Father except through me."

耶穌說,「我就是道路,真理,生命。若不藉著(經由)我(的道路),沒有人能到父那裡去。」(約翰14:6)

耶穌傳道是在教導學生找到真理與生命意義的方法(道路)。方法(道路)正確,才能找到真理、活命。正確的方法(道路)是耶穌的方法(道路),不是耶穌。

父(Father)是什麼?上主(Lord)是什麼?天父(Father in heaven)是什麼?上帝(God)是什麼?他(Father)/她(Mother)就是真理與生命的擬人化的總代表,就是族群大生命永續生存的運作規則,是開始的源頭,也是最終的總目標。

363. 學「佛」的「三覺」：自覺、覺他、覺滿。

自覺：察覺個人小生命的神性與魔性，修持小生命生存的價值與意義。

覺他：察覺族群大生命的神性與魔性，修持大生命的生存價值與意義。

覺滿：察覺、修持個人小生命與族群大生命中其他個人小生命的同理心與互動關係。

學「佛」是學習佛陀領悟到的智慧，不必然是重複佛陀領悟到智慧的過程。因為每個個人小生命都是單一無二的（unique），生命的軌跡也必然是單一無二的。

364. 個人小生命從過去歷史的教訓與智慧，學習建立信仰。

從信仰中學習盼望，學習對族群大生命的未來建立信心，得到生活的安心。

從信仰中活出慈愛，追求自由與公義的生命當下。

只要族群大生命的永續存在,無所不在、無所不能的聖神就與個人小生命的聖靈同在。這就是「道成肉身,住在人間」的「智慧」盤旋提升輪轉與循環。

365, 維持個人小生命身心靈運作的知識(knowledge)、智力(intelligence)及智慧(wisdom)儲存在科學(science)、哲學(philosophy)及神學(theology)的系統裡。三個系統相通,不會產生矛盾。尚未完全相通才會有矛盾,需要繼續探索揭開謎團。

祈禱就是個人小生命的聖靈與族群大生命聖神的對話。認識生命,瞭解自己,相信自己的聖靈,相信族群的聖神。

族群的聖神是合一的,信仰的文明價值是合一的,宗教是可以多元多采多姿的。

宗教的核心價值在信仰的教導,不在宗教儀式。

生命的核心價值在活出信仰,不在生活的方式。

結語

　　如果將人生百歲設定為平均的生命長度，分成四個階段，平均每個階段為25年。生命有生，必然會死，這是個人小生命的固定軌道，不會有例外。作者在個人小生命的最後階段撰寫一些從生命開始第一階段就在腦海裡揮之不去的問題：生命的意義是什麼？生命中的苦難有什麼意義？有神嗎？有鬼嗎？有前世嗎？有來生嗎？等等，算是對自己生命活過來心得的交代，探索如有所得，可以做為仍然被這些相同問題困擾的個人比對與參考，本書就很有意義。

　　作者對生命探索的路徑並不是完整有系統的學術深入探究，而是經由學習認識不同的宗教所提供的片段智慧，以個人的生命經驗加以比對、反思、重新理解或驗證。這樣的個人經驗內容也需要有心人加以檢視比對與批判。

　　宗教是世界各地族群生命累積智慧的結晶產物。不同的族群與不同的生命歷程產生不同的宗教。然而，在不同的宗教中，很容易發覺彼此之間存在著共同的智慧，這部份作者將它們歸納稱之為「信仰」；不相同的部份就暫時保留，留待未來的認知與檢視。

　　宗教團體一向不歡迎外人對自己宗教有所置喙。從現

代的社會結構的角度來看，宗教團體就是傳播生命智慧的體制機構，宗教信仰就是機構傳授生命智慧的課程內容。這些古老的生命智慧結晶，都是後人的撰述記載，必然有真有假，也常有侷限於特殊的處境與社會文化背景，都需要更多的生命歷程的經驗加以檢視。符合者就可以強化，出現矛盾者，就需要重新詮釋而產生與時俱進的智慧。所以，宗教如果不能接受批判，這個宗教就不是活的。死的宗教就不會產出新的智慧，因而停留在迷信的輪迴裡面。頻臨死亡的宗教就留不住活的信徒。

本書以365則（一年有365天）對生命奧祕的探索心得暫時作一個段落。這不會是這個探索旅程的終點。作者自我鼓勵自己，這個探索的旅程可以持續到生命的最後一口氣。要達到這樣的目標，只能繼續學習、繼續思考下去，燃燒個人小生命的燭火，學習更多先知義人們留下的智慧，增亮族群大生命前進的道路。這是作者的許願，也是作者必須努力的修煉。

愛人如愛己，渡己從渡人。

國家圖書館出版品預行編目資料

生命神學的反思 / 蔡丁貴著. -- 初版. -- 臺北市：前衛出版社, 2025.01
264面；15×21公分

ISBN 978-626-7463-84-0（平裝）

1. CST: 神學　2.CST: 宗教與科學　3.CST: 基督徒

242　　　　　　　　　　　　　　113019582

生命神學的反思

作　　　者	蔡丁貴
插　　　圖	eva.Z!
責任編輯	番仔火
美術編輯	宸遠彩藝
封面設計	江孟達工作室

出　版　者　前衛出版社
　　　　　　地址：104056 台北市中山區農安街153號4樓之3
　　　　　　電話：02-25865708｜傳真：02-25863758
　　　　　　郵撥帳號：05625551
　　　　　　購書・業務信箱：a4791@ms15.hinet.net
　　　　　　投稿・代理信箱：avanguardbook@gmail.com
　　　　　　官方網站：http://www.avanguard.com.tw
出版總監　林文欽
法律顧問　陽光百合律師事務所
總　經　銷　紅螞蟻圖書有限公司
　　　　　　地址：114066 台北市內湖區舊宗路二段121巷19號
　　　　　　電話：02-27953656｜傳真：02-27954100
出版日期　2025年1月初版一刷
定　　　價　350元

ISBN　　978-626-7463-84-0（平裝）
E-ISBN　978-626-7463-79-6（PDF）
　　　　978-626-7463-78-9（EPUB）

©Avanguard Publishing House 2025 Printed in Taiwan
＊請上「前衛出版社」臉書專頁按讚，獲得更多書籍、活動資訊
　https://www.facebook.com/AVANGUARDTaiwan